難読漢字の豆知識

ちょっと自慢したくなる！

メディアパル

この漢字、読めますか？

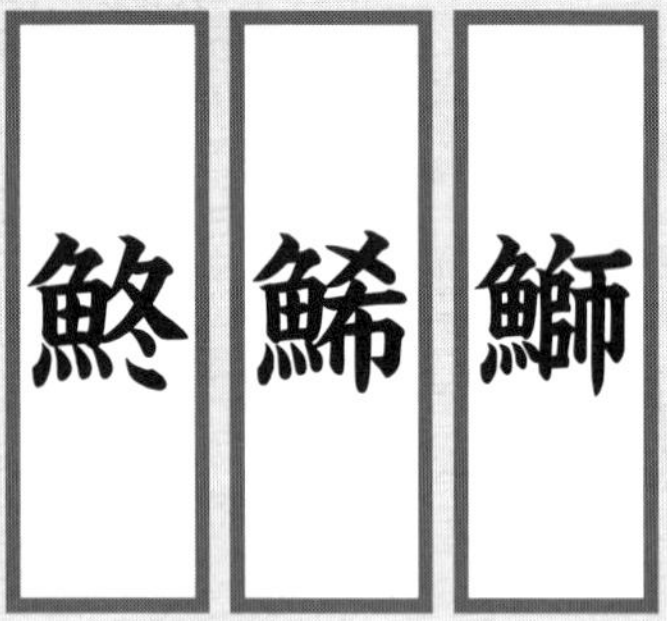

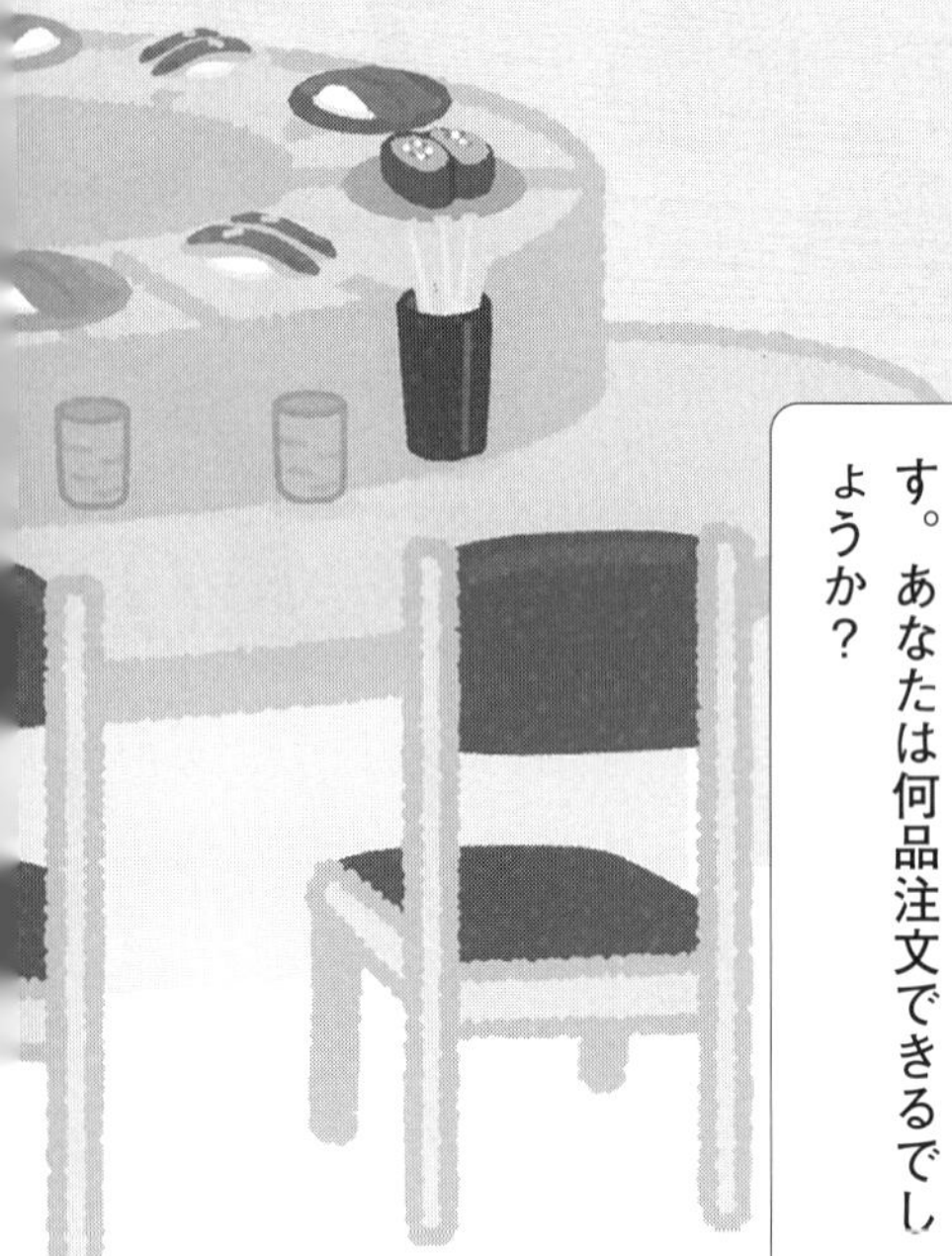

久しぶりに会った高校時代の同級生と、高級なお寿司屋さんにやってきました。しかし、値段がないのはさておき、寿司ネタの漢字が読めません。同級生は注文するのを諦めたのか、悲しそうな表情でお茶だけをゴクゴクと飲んでいます。あなたは何品注文できるでしょうか？

さて、何品注文できましたか？あまり食べられなかったという人は、たくさん注文できるようになりたいですね。本書を読み終えるころには、こんな状況にも困らない人になっていることでしょう。

品／9品

（答えは64・66ページで）

目次

Part 7 それはどういうことですか？ メディアで見聞きする漢字

Part 8

難読ウンチク

※本書では、漢字とその読み方の一例を紹介していますが、同じ漢字でも異なる読み方や、同じ読み方でも異なる漢字の表記をするものも含みます。

編集・構成・DTP／造事務所
文／倉田楽、杉山泰充
装丁・本文デザイン／福田浩
イラスト／イラストAC

Part 1

読めそうで読めない漢字

これは何と読みますか？

一字の漢字

一字でめずらしい読み方

淦　あか

欠　あくび

泡　あぶく

徒　いたずら

諱　いみな

現　うつつ

靨　えくぼ

縁　えにし

囮　おとり

厠　かわや

閂　かんぬき

条　くだり

「淦」は舟のすき間からしみ入ってたまった水を表わします。「諱」は死んだ人が生きていたときの実名をいいます。人が死んだ後は「諡《おくりな》」を呼んで、生きていたときの名を呼ぶのを嫌いました。

畔	皰	譫	殿	件
ほとり	にきび	たわごと	しんがり	くだん
雅	塒	科	某	谺
みやび	ねぐら	とが	それがし	こだま
邪	噺	帳	酣	故
よこしま	はなし	とばり	たけなわ	ことさら
堝	恣	憖	屯	鎬
るつぼ	ほしいまま	なまじ	たむろ	しのぎ

「鎬」は刀の刃と背との間のもり上がっている部分のことです。激しく切り合うことを「鎬を削る」といい、現在では激しく争う意味に使われます。「殿」は「後《しり》駆《がり》」の音便で、軍の退却のさいの最後尾の部隊をいったことから、いまは一般的に隊列や順番などの最後の意味で用います。

熟語

二字、三字のかわった読み方

塩梅　あんばい

遺漏　いろう

もれや落ちのあること。手ぬかり。

鬱積　うっせき

不満や不平のはけ口がなく、心の中に積もりたまること。

膾炙　かいしゃ

人びとに知れわたること。

矍鑠　かくしゃく

年齢を重ねても、じょうぶで元気なようす。

眷属　けんぞく

血筋のつながっている者。親族。

嚆矢 こうし

物事のはじめ。最初。昔、中国で合戦のはじめにかぶら矢（＝嚆矢）を射かけたことから。

蹂躙 じゅうりん

静謐 せいひつ

静かで落ち着いているようす。

知悉 ちしつ

すべて知りつくしていること。「悉」はことごとくという意味。

掉尾 とうび

最後に勢いがさかんになること。

逼塞 ひっそく

落ちぶれて世間から隠れこもること。

幼気 いたいけ

吝嗇 りんしょく

けち。例「―家」。

固唾 かたず

天邪鬼　あまのじゃく

何かにつけて人に逆らう人。

十八番　おはこ

得意とする芸。市川家の得意とする台本「歌舞伎十八番」を箱に大切に保存したことから。

案山子　かかし

橋頭堡　きょうとうほ

足がかりとする拠点。軍の渡河作戦などで、橋に攻撃の拠点をつくったことから。

外連味　けれんみ

俗受けをねらったはったりやごまかし。
例「―のない文章」。

好事家　こうずか

変わった物事を好む人。物好き。

子煩悩　こぼんのう

自分の子どもを非常にかわいがるようす。
また、そのような人。

赤裸裸　せきらら

蜃気楼　しんきろう

美人局　つつもたせ

独擅場　どくせんじょう

思うままにふるまうことができる場面。

微温湯　ぬるまゆ

破廉恥　はれんち

木乃伊　ミイラ

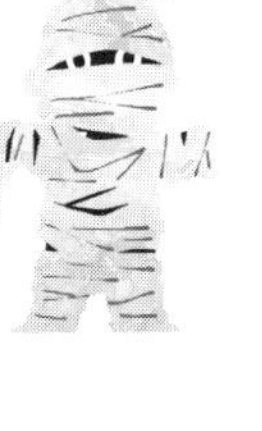

波落戸　ならずもの

三十路　みそじ

独法師　ひとりぼっち

八百万　やおよろず

四字熟語

あまり見ない四字熟語の読み方

阿諛追従 あゆついしょう
へつらうこと。おべっかを使うこと。

韋編三絶 いへんさんぜつ
同じ書物をくり返し愛読すること。

慇懃無礼 いんぎんぶれい
うわべは丁寧でも内心では見下すようす。

右顧左眄 うこさべん
周囲を気にして態度を決めかねること。

烏兎怱怱 うとそうそう
月日のたつのが早いようす。

運否天賦 うんぷてんぷ
運を天にまかせること。

鎧袖一触 がいしゅういっしょく

簡単に相手を負かすこと。

偕老同穴 かいろうどうけつ

夫婦がいつまでも仲良く、契りが固く深いこと。

臥薪嘗胆 がしんしょうたん

（たきぎの上に寝、苦い肝をなめて）目的を達するために苦労や努力をすること。

侃侃諤諤 かんかんがくがく

盛んに議論すること。

頑迷固陋 がんめいころう

頑固で古い考えに執着すること。

気息奄奄 きそくえんえん

今にも死にそうなさま。

鶏鳴狗盗 けいめいくとう

くだらないわざの持ち主。また、くだらないわざでも役に立つことがあること。

牽強付会 けんきょうふかい

道理に合わないことも、自分に都合のよいように強引にこじつけること。

乾坤一擲《けんこんいってき》

運命をかけて、いちかばちかの大勝負をすること。

剛毅朴訥《ごうきぼくとつ》

意志が強く物事にくじけず、しかも実直で口かずが少ないようす。

豪放磊落《ごうほうらいらく》

度量が大きく小事にこだわらないようす。

尸位素餐《しいそさん》

責任を果たさず、ただ俸給を受けること。

櫛風沐雨《しっぷうもくう》

(風で髪をすき、雨で身を洗うことから)
雨風にさらされ走り回り苦労すること。

春風駘蕩《しゅんぷうたいとう》

のどかに春風が吹くようす。また、人柄が温和でのんびりしていること。

清廉潔白《せいれんけっぱく》

心が清らかで正しくやましい所がないこと。

切歯扼腕《せっしやくわん》

非常にくやしがること。

遅疑逡巡　ちぎしゅんじゅん

疑い迷ってぐずぐずし、決断がつかないようす。

轍鮒之急　てつぷのきゅう

さし迫った危機や困窮のたとえ。

天網恢恢　てんもうかいかい

どんな悪事も必ず天罰を受けること。

風声鶴唳　ふうせいかくれい

（風の音や鶴の鳴く声などの）ささいなことにおじけずくこと。

比翼連理　ひよくれんり

男女の契りが深く固いこと。

明眸皓歯　めいぼうこうし

（美しいひとみと白くととのった歯から）美人のたとえ。

面従腹背　めんじゅうふくはい

表面では従い内心では逆らっていること。

孟母三遷　もうぼさんせん

子どもの教育には周りの環境が大切だというたとえ。

形容詞

語彙が増える形容詞の読み方

恭《うやうや》しい

相手をうやまう様子。丁寧で礼儀正しい。

疎《うと》ましい

好ましくない。不気味だ。

夥《おびただ》しい

非常に多い。はなはだしい。

覚束《おぼつか》ない

はっきりしない。疑わしい。頼りない。

芳《かんば》しい

においがよい。好ましいと認められるさま。

喧《かまびす》しい

やかましい。さわがしい。そうぞうしい。

倹《つま》しい

地味で質素なようす。倹約をしている。

歯痒《はがゆ》い

思いどおりにならず、じれったい。

妬《ねた》ましい

うらやましくて、にくらしい。

凛々《りり》しい

きりりとひきしまって勇ましい。「凛」の字は、冷たい氷に触れて心身の引き締まる感じのことで、きっぱりとしたさまを表わす。

捗々《はかばか》しい

物事が望ましい方向へ進み、経過がよいさま。期待どおりだ。例「仕事の進みぐあいがーくない。」

辿々《たどたど》しい

確かでない。おぼつかない。未熟である。

形容詞のウンチク

「覚束」という言葉はない

「覚束ない」の「覚束」は当て字。「おぼつく」という動詞はなく、「ない」は形容詞をつくる接尾語。「おぼつかない」で一語の形容詞なので、「おぼつかぬ」は誤用です。

副詞

意外と読めない副詞の読み方

予め《あらかじめ》

強ち《あながち》

（下に打ち消しの語をともなって）必ずしも。まんざら。例「──悪いとも言えない」。

挙って《こぞって》

「こぞりて」が転じた言葉。残らず。

徐に《おもむろに》

静かに。ゆるやかに。ゆったりしたさま。「おもむろ」だけでは使わない表現。

概ね《おおむね》

然したる《さしたる》

（下に打ち消しをともなって）さほどの。

宛らに

さながらに

そっくりそのままに。まるで～のように。ちょうど～のように。「乍ら」とも書く。

怱ち

たちまち

具に

つぶさに

細かくて詳しいさま。例「経緯を―報告する」。ことごとく。もれなく。例「―点検してまわる」。「備に」「悉に」とも書く。

序に

ついでに

俄に

にわかに

突然に。急に。だしぬけに。「にわか雨」は急に激しく振りだす雨。

専ら

もっぱら

古語「もはら」が転じたもの。ひたすら。いちずに。ひとすじに。

副詞のウンチク

あながちと強引は同意語だった

あながちの「あな」は、もともと「おのれ」を意味し、あな（おのれ）＋かつ（勝つ）で「ものごとを強引に押し通すさま」「身勝手」を示す言葉だったといわれています。

動詞

知っていても読めない動詞の読み方

戦《おのの》く

恐れや寒さでふるえる。わななく。

否《いな》む

断わる。辞退する。否定する。

弁《わきま》える

見分ける。判断する。心得る。知る。

抉《えぐ》る

刃物などをつき入れてまわす。くりぬく。

喚《わめ》く

どなる。叫ぶ。騒ぐ。ののしる。

嗜《たしな》む

好きでやる。好んで親しむ。つつしむ。

躊躇《ためら》う

ぐずぐずして決心がつかない。

手向《たむ》ける

神仏・死者にものをささげる。

黄昏《たそが》れる

「たそがれ（夕方）」の動詞化。夕方になる。日が暮れる。物事が終わりに近づくこと。

謙《へりくだ》る

相手をうやまって自分を控えめにする。

訝《いぶか》る

不審に思う。あやしむ。はっきりしないので気がかりである。心もとなく思う。

軋《きし》む

すれあう。きしきし、みしみしなどと不快な音をたてる。

動詞のウンチク

「躊躇う」と「躊躇する」

「躊躇（ためら）う」と「躊躇（ちゅうちょ）する」のように、同じ漢字を使うものの読み方が異なる動詞は多くあります。例「流行（はやる）」「流行（りゅうこう）する」。

擬音・擬態

読めると知的な擬音・擬態の読み方

苛々　いらいら

汲々　きゅうきゅう

一心につとめるようす。あくせくしてゆとりのないさま。例「汲々として働く」。

煌々　こうこう

きらきらと光りかがやくさま。

滾々　こんこん

水がつきることなくわき出すようす。水がさかんに流れるさま。「渾々」とも書く。

燦々　さんさん

太陽の光などがきらきらするようす。

晃々　きらきら

深々《しんしん》

夜がふけていくようす。静まりかえったようす。寒さが身にしみるようす。

津々《しんしん》

さかんにわきでて、つきないようす。「興味津々」は、興味がつきないさま。

悠々《ゆうゆう》

隆々《りゅうりゅう》

さかんなようす。盛りあがっているさま。

凛々《りんりん》

勇ましいようす。寒さが身にしみるさま。

濛々《もうもう》

ほこり、煙、湯気などがたちこめるようす。霧や煙などのために空がうす暗いようす。「漠漠濛濛」は同意の四字熟語。

擬態語のウンチク

同音異字が多い擬態語

擬態語には同音異字が多くあります。「滾々」の同音異字「懇々」はくり返して親切に説くようす、「燦々」の同音異字「潸々」は雨の降るさまや涙を流すさまを表わします。

同じ穴の狢《おなじあなのむじな》

別々に見えても同類であることのたとえ。

沽券に関わる《こけんにかかわる》

人の品位や体面を傷つけること。沽券は国内で使われていた不動産の売買証書のこと。転じて、人の値打ち、品位、対面を指す。

漁夫の利《ぎょふのり》

当事者が争っている間に、第三者がその利益をそっくり横取りすることのたとえ。

鶏群の一鶴《けいぐんのいっかく》

多くの凡人のなかに、一人だけ優れた人物がいて際立って見えるということのたとえ。

片棒を担ぐ《かたぼうをかつぐ》

計画に加わって協力するたとえ。多く、悪いことにいう。

虎口を脱する《ここうをだっする》

危険な場所や状況から逃れることのたとえ。「虎口を逃れる」ともいう。出典は『荘子』。

砂上の楼閣《さじょうのろうかく》

基礎がしっかりしていないために、すぐに崩れてしまいそうなことのたとえ。

三顧の礼《さんこのれい》

目上の人が礼を厚くして賢人に仕事を頼むこと、優遇することのたとえ。

釈迦に説法《しゃかにせっぽう》

すでに熟知している人に対して、素人がいい加減なことを言う愚かさのたとえ。

春眠暁を覚えず《しゅんみんあかつきをおぼえず》

春の夜は短く寝心地がいいので、朝になったことも気づかず寝過ごしてしまうこと。

辛酸を嘗める《しんさんをなめる》

さまざまなつらいことを経験するたとえ。

二足の草鞋を履く《にそくのわらじをはく》

一人の人が二足の草鞋を同時に履くことはできないことから、同じ人が両立しがたい二つの職業や立場を兼ねることのたとえ。

隔世の感《かくせいのかん》

変化が激しく、まるで世代が変わってしまったような感じ。

机上の空論《きじょうのくうろん》

考えだけで実際には役に立たない論。

楔を打ち込む《くさびをうちこむ》

敵陣に攻め入って敵の勢力を二分する。また、他の勢力範囲の中に地盤を築くこと。

後塵を拝する《こうじんをはいする》

人や車馬が走り過ぎたあとに立つ土けむりをあびるという意味から、人に先をこされること。地位・権力のある人をうらやむこと。

策を弄する《さくをろうする》

必要以上に策略を用いる。

手を拱く《てをこまねく》

すべきことを何もせず、そばで見ているようす。傍観する。考え込む。

伝家の宝刀を抜く《でんかのほうとうをぬく》

伝家とは代々伝わるものの意で、大事な場面を迎えて、めったに使わないものを使うこと。切り札、奥の手を使うことのたとえ。

判官贔屓《ほうがんびいき》

弱い者や負けた者に同情し、味方しようとすること。判官は「はんがん」とも読む。

溜飲を下げる《りゅういんをさげる》

不平・不満・恨みなどが一気に解消し、すっきりする。

法螺を吹く《ほらをふく》

ありえないことを本当らしく大げさに言う。

御輿を担ぐ《みこしをかつぐ》

人をおだてて代表者などに担ぎだす。

名言・格言

心にしみる名言・格言の読み方

君子は豹変す《くんしはひょうへんす》

徳のある人は過ちを犯してもすぐに改め善に戻る。転じて、人が態度を一変すること。

人間万事塞翁が馬《にんげんばんじさいおうがうま》

災いや幸福は予想しがたいものだ。だから一喜一憂する必要はないというたとえ。

巧言令色鮮なし仁《こうげんれいしょくすくなしじん》

言葉巧みに人の気を誘ったり、愛想をふりまく者には、仁の心が欠けているものだ。

祇園精舎の鐘の声《ぎおんしょうじゃのかねのこえ》 諸行無常の響きあり《しょぎょうむじょうのひびきあり》

過ちては則ち改むるに憚ることなかれ

あやまちてはすなわちあらたむるにはばかることなかれ

『論語』に記された言葉で、過失に気づいたときには、他人のおもわくを気にしてためらうようなことはなく、ただちに改めなければならないという戒め。

泣いて馬謖を斬る

ないてばしょくをきる

全体の秩序や規律を保つためには、たとえ愛する者であっても掟に背けば、私情を捨てて処罰するというたとえ。

袖振り合うも多生の縁

そでふりあうもたしょうのえん

ちょっとしたことでも、深い宿縁によるものだ。

万物は流転する

ばんぶつはるてんする

あらゆるものは流動変化して定まりがたいということ。「万物流転」とも書く。

名声は英雄的行為の芳香なり

めいせいはえいゆうてきこういのほうこうなり

英雄のような行動によって得た名声は言葉にしなくてもかぐわしい香がするようだ。

難読ウンチク ❶

名作に出てくる漢字

みなさんが知っている小説から、難しくて読めない漢字を拾って紹介します。

夏目漱石の小説『草枕』の主人公は冒頭、山路を登りながら、「人の世は住みにくい」とぼやいた後、芸術論を展開します。

「着想を紙に落とさぬとも**璆鏘**（きょうそう）の音は**胸裏**（きょうり）に起こる。**丹青**（たんせい）は**画架**（がか）に向って**塗抹**（とまつ）せんでも**五彩**（ごさい）の**絢爛**（けんらん）は**自**（おのず）から**心眼**（しんがん）に映る」と、難読漢字が続きます。

璆鏘は「美しく鳴り響くさま」なので、「楽譜にしなくても音楽家の胸のなかでは美しい音楽が鳴っている」という意味です。

丹青は「絵具」、画架は「三脚」、塗抹は「塗りつけること」なので、

「画家はキャンバスに絵具を塗らなくても鮮やかな色を心の眼で見ている」という意味になります。

次に芥川龍之介の『羅生門《らしょうもん》』から引いてみましょう。物語の舞台は天変地異に見舞われ、衰退した

平安京の正門です。

「大きな円柱に、**蟋蟀**（キリギリス）が一匹とまっている」と描写した後、「雨やみをする**市女笠**（いちめがさ）や**揉烏帽子**（もみえぼし）が……」と続きます。

市女笠は、当時の女性が被った笠で、市女（市場で商いをする女性）が愛用していたことに由来します。揉烏帽子は、揉んで柔らかくした烏帽子（成人男性が被った和紙製の帽子）のことです。

類義語

違いを覚えておきたい類義語

拘泥《こうでい》

ひとつのことにとらわれること。こだわること。

執着《しゅうちゃく》

そのことばかりに心をとらわれて、そこから離れられないこと。

固執《こしつ》

自分の意見を守って曲げないこと。「こしゅう」とも読む。

辟易《へきえき》

勢いにおされて尻込みすること。閉口すること。

尻込み《しりごみ》

おそれて、あとへ下がること。逃げ腰になること。ためらい。

怯む《ひるむ》

恐ろしくて気力がくじける。気おくれする。くじけ弱る。

狼藉《ろうぜき》
物が散乱していること。乱暴。藉は「しゃ」とも読む。

乱雑《らんざつ》
散らかっているさま。

混乱《こんらん》
入り乱れて秩序がなくなること。

鉄面皮《てつめんぴ》
あつかましいこと。

厚顔無恥《こうがんむち》
ずうずうしく恥知らずなこと。

朴訥《ぼくとつ》
かざりけがなく口数が少ないこと。「木訥」とも書く。

純朴《じゅんぼく》
情に厚く、かざりけがないこと。

実直《じっちょく》
誠実で正直なこと。律儀なさま。

類義語のウンチク

「執」はとりついて離れないこと

執着や固執の「執」は「とりついて離れない」という意味。音読みは「しつ」で、執拗（しつよう）、確執（かくしつ）、偏執（へんしつ）などの熟語に用いられています。

対義語

セットで覚えておきたい対義語

暗渠《あんきょ》⇕開渠《かいきょ》・明渠《めいきょ》

渠は人工の溝や水路のこと。暗渠は、地下に埋設したり、ふたをかけたりして、外から見えないようになっている水路を指します。反対に、ふたをせず上部を開けはなしたままの水路は開渠または明渠といいます。

例 渋谷川は約9割が暗渠になっている。
例 農業用水は開渠が望ましい。
例 神戸市は河川の明渠化を進めている。

逓減《ていげん》⇕逓増《ていぞう》

逓減・逓増の「逓」は、「だんだん」「次第に」という意味。逓減は時間とともに少しずつ減ること。同音語の「低減」が単に減ることであるのに対し、逓減は次第に減ることを表わしています。対義語の逓増は少しずつ増えることです。

例 ここ数年、収穫量が逓減している。
例 利益が逓増するしくみを考えた。

夥多《かた》⇕希少《きしょう》

夥は「おびただしい」という意味で、夥多は、数量が非常に多いこと。対義語の希少は、きわめてまれで少ないことです。

例 問題が夥多になっている。

例 あれは希少価値のある物件だ。

恥辱《ちじょく》⇕名誉《めいよ》

恥辱は恥、はずかしめという意味。対する名誉はすぐれた者として認められること。

例 社員の逮捕はわが社の恥辱だ。

例 大賞の受賞を名誉に思う。

杜撰《ずさん》⇕緻密《ちみつ》

杜撰は「いい加減」「でたらめ」「粗雑」などを表わします。対義語の緻密は、「きめ細かく巧みなこと」「細部まで目が行き届いていること」です。

例 失敗の理由は杜撰な計画にあった。

例 緻密に練りあげた戦略。

対義語のウンチク

過多と過少

夥多とほぼ同じ意味の「過多」は、単に多すぎることを表わしています。過多の対義語は「過少」。なお、小さすぎることは「過小」を用い、対義語は「過大」です。

同音異義語
まぎらわしい同音異義語の読み方

けいがん

炯眼――炯眼の「炯」は光り輝くさまを意味することから、炯眼は「するどい目・眼光」という意味合いになります。

慧眼――慧眼の「慧」は、「かしこい」「知恵」という意味。慧眼とは、物事の真実を見抜く眼力。すぐれた洞察力のことです。

しき

士気――「兵士の意気ごみ」転じて、人々が団結して物事にあたる意気ごみを表わします。例「チームの士気が上がる」。

志気――「物事をしようと志す意気ごみ」を表わします。士気は集団の意気ごみであるのに対し、志気は個人と集団のどちらにも使えます。

懐石──**かいせき**

懐石料理の略。茶の湯の催しに付随して出される料理。茶懐石と同意語。

会席──

多数の人が寄り集まる席。または宴席で出される上等な料理のこと。

若干──**じゃっかん**

はっきりしないが、それほど多くない数量のこと。少し。いくらか。

弱冠──

中国周代の男子の元服年齢にちなんで二十歳のこと。また、年が若いこと。

甘受──**かんじゅ**

あまんじて受けること。こころよく受け入れること。例「非難を甘受する」「運命を甘受する」。

感受──

外界の刺激を受け入れること。物事を深く感じること。感受性は、その感覚の働き、感じとる力。

同音異義語のウンチク

若干と弱冠が混ざる「若冠」は×

若者が元服の冠をかぶるというイメージから、二十歳や若者のことを「若冠」と誤って綴る人がいます。弱冠の弱は中国周代に二十歳を「弱」と呼んでいたことに由来します。

同字異義語

うっかり読み間違える同字異義語

一分

いちぶ――少数の単位で0・1。割合で全体の100分の1、体温で1度の10分の1。

いちぶん――一人前の人間としての名誉。体面。例「武士の一分が立たない」。

いっぷん――時間の単位、角度・経度・緯度に用いる単位。

日向

ひなた――日光の当たる所。「日（光）の当たる向き」という意味から、この漢字を当てたと考えられています。例「日向ぼっこ」。

ひゅうが――旧国名「日向国」のこと。別名は日州（にっしゅう）。現在の宮崎県のこと。なお、日向市は宮崎県の北東部に位置する市。

変化

へんか――ある物事がそれまでの状態・性質から別の状態・性質に変わること。

へんげ――神仏が仮に人の姿をして現れること。権化（ごんげ）。妖怪、化け物。

小節

こぶし――木の節の小さいもの。民謡や歌謡曲に用いられる装飾的な発声技巧。

しょうせつ――文章の小さな区切り。楽曲の譜面の上で縦線と縦線とで区切られた部分。

一見

いっけん――一度見ること。ちらっと見ること。例「一見して社長だとわかった」。

いちげん――はじめて会うこと。旅館や料理屋などの客がはじめてであること。また、その人。例「一見さんはお断りしています」。

同字異義語のウンチク

分相応は10分の1ではない

一分（いちぶん）の分には、対面や面目という意味のほかに、「それなりの」という意味もあります。分相応とは、その人の身分や能力にふさわしいということです。

復習ドリル

Part 1

出てきた漢字に挑戦！

パート1の復習です。漢字の意味をヒントに、いくつ読めるでしょうか。

恭しい
相手をうやまう様子。丁寧で礼儀正しい。

徐に
静かに。ゆるやかに。ゆったりしたさま。

戦く
恐れや寒さでふるえる。わななく。

夥しい
非常に多い。はなはだしい。

宛らに
そっくりそのままに。まるで～のように。

嗜む
好きでやる。好んで親しむ。つつしむ。

芳しい
においがよい。好ましいと認められるさま。

俄に
突然に。急に。だしぬけに。

謙る
相手をうやまって自分を控えめにする。

喧しい
やかましい。さわがしい。そうぞうしい。

具に
細かくて詳しいさま。

訝る
不審に思う。あやしむ。

汲々
一心につとめるようす。

韋編三絶
同じ書物をくり返し愛読すること。

乾坤一擲
運命をかけて、いちかばちかの大勝負をすること。

矍鑠
年齢を重ねても、じょうぶで元気なようす。

滾々
水がつきることなくわき出すようす。

烏兎匆匆
月日のたつのが早いようす。

春風駘蕩
のどかに春風が吹くようす。

知悉
すべて知りつくしていること。

燦々
太陽の光などがきらきらするようす。

偕老同穴
夫婦がいつまでも仲良く、契りが固く深いこと。

靨
笑うとき、ほおにできる小さなくぼみ。

橋頭堡
足がかりとする拠点。

濛々
ほこり、煙、湯気などがたちこめるようす。

臥薪嘗胆
目的を達するために苦労や努力をすること。

殿
一番後ろ。最後。

独擅場
思うままにふるまうことができる場面。

⇐答えは次ページへ

Part1【答え】

さて、どれだけ読めたでしょうか。読めない漢字がたくさんあったという人は、しっかり復習しましょう。

【恭しい】うやうやしい
【徐に】おもむろに
【戦く】おののく
【汲々】きゅうきゅう
【韋編三絶】いへんさんぜつ
【乾坤一擲】けんこんいってき
【矍鑠】かくしゃく

【夥しい】おびただしい
【宛らに】さながらに
【嗜む】たしなむ
【滾々】こんこん
【烏兎怱怱】うとそうそう
【春風駘蕩】しゅんぷうたいとう
【知悉】ちしつ

【芳しい】かんばしい
【俄に】にわかに
【謙る】へりくだる
【燦々】さんさん
【偕老同穴】かいろうどうけつ
【靨】えくぼ
【橋頭堡】きょうとうほ

【喧しい】かまびすしい
【具に】つぶさに
【訝る】いぶかる
【濛々】もうもう
【臥薪嘗胆】がしんしょうたん
【殿】しんがり
【独擅場】どくせんじょう

Part 2

食べ物・生物の漢字

それは食べられますか?

和食

恥をかかない和の料理の読み方

羹　あつもの

鳥や魚の肉、野菜などを入れてつくった熱い吸い物。

外郎　ういろう

米の粉に砂糖と水を加えて蒸した菓子。

饂飩　うどん

鱁鮧　うるか

鮎の内臓や卵を塩漬けにして発酵させた食品。酒の肴として珍重され、岐阜県の長良川のものが有名。

蒲鉾　かまぼこ

蒟蒻　こんにゃく

卓袱料理《しっぽくりょうり》

大皿に盛ったさまざまな料理を円卓に置き、取り分けて食べる長崎名物の料理。

出汁《だし》

蕎麦《そば》

摘入《つみれ》

心太《ところてん》

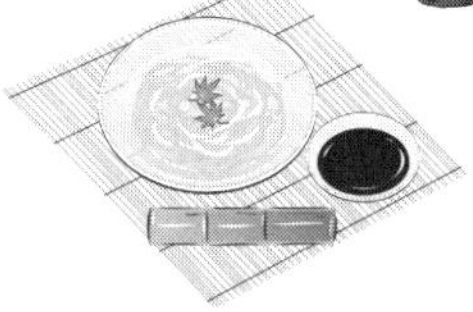

薯蕷《とろろ》

饅《ぬた》

まぐろやいかなどの魚介類や、ねぎ、わけぎなどの野菜を酢みそであえた食べ物。

鹿尾菜《ひじき》

餺飥《ほうとう》

平たくのばしたうどんをカボチャなどの野菜とともにみそで煮込んだ山梨の郷土料理。

読んで自慢したい中華料理の読み方

杏仁豆腐《アンニンドウフ》

餃子《ギョーザ》

搾菜《ザーサイ》

ザーサイという植物の根茎を唐辛子と塩などで漬けた中国の漬物の一種。「搾」の漢字は塩水をしぼるところから。

茉莉花茶《ジャスミンチャ》

炸醤麺《ジャージャーメン》

豆板醤（トウバンジャン）や甜麺醤（テンメンジャン）などでつくる肉みそを麺にのせた中国料理のひとつ。

小籠包《ショウロンポウ》

叉焼

チャーシュー

青梗菜

チンゲンサイ

青椒肉絲

チンジャオロース

雲呑

ワンタン

皮蛋

ピータン

アヒルの卵を発酵させてつくる中国の食品。外はゼリー状で黒く、中の灰色部が黄身。

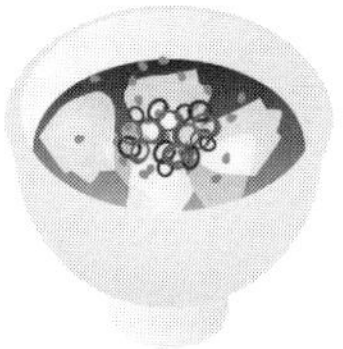

米粉

ビーフン

回鍋肉

ホイコーロー

中華鍋で豚肉やキャベツなどをタレで炒めた料理。食材を鍋で二度調理する意味。

拉麺

ラーメン

棒棒鶏

バンバンジー

蒸し鶏にゴマなどのソースをかけた四川料理。焼いた肉を棒でたたいたことから。

野菜

豆知識で使える野菜の読み方

浅葱　あさつき

ネギ科の多年草。葉と茎が食用。

独活　うど

ウコギ科の山菜。漢字は、風もないのに揺れて動くように見えることから。

陸蓮根　オクラ

甘藍　キャベツ

竜髭菜　アスパラガス

南瓜　かぼちゃ

塘蒿　セロリ

蓼《たで》

タデ科の一年草。辛い蓼を好む虫もいるので「蓼食う虫も好き好き」などとも。

土筆《つくし》

玉蜀黍《とうもろこし》

大蒜《にんにく》

旱芹菜《パセリ》

菠薐草《ほうれんそう》

牛蒡《ごぼう》

櫱《もやし》

筍《たけのこ》

辣韮《らっきょう》

赤茄子《トマト》

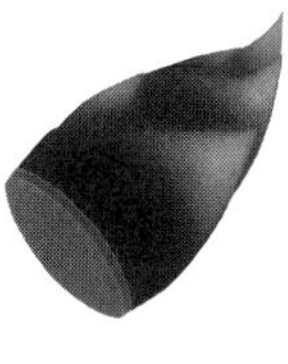

果物

漢字は甘くない果物の読み方

蕃瓜樹 パパイア

朱欒 ザボン

ミカン科の常緑高木で、文旦（ぶんたん）の標準和名。樹高は3メートルほどになり、食用の果実は20センチ近い大きさ。

無花果 いちじく

臭橙 かぼす

甘蕉 バナナ

桜桃 さくらんぼ

甜瓜 メロン

胡桃 くるみ

石榴 ざくろ

ミンハギ科の落葉高木。食用にする果実は球形で、熟すると裂けて赤色の多くの種子が見られる。

杏子 あんず

李 すもも

檸檬 れもん

鳳梨 パイナップル

檬果 マンゴー

茘枝 ライチ

中国南部原産のムクロジ科の常緑高木。表面がうろこ状の果実の果肉が食用。

棗 なつめ

クロウメモドキ科の落葉高木。夏に芽が出ることが名前の由来。果実は楕円形で、食用・薬用として用いられる。

酒

少し悪酔いしそうな酒にまつわる漢字

酒精　アルコール

火酒　ウイスキー

老酒　ラオチュウ

中国でつくられる醸造酒の総称。あわやきびなどを原料としてつくる。長年寝かせた酒という意味。

酒糟　さけかす

日本酒などのもろみをしぼったあとのかす。

三鞭酒　シャンペン

酒肴　しゅこう

酒と、酒を飲むときにつまみにする料理。肴は肉を重ねたごちそう、さかなの意味。

焼酎《しょうちゅう》

濁酒《どぶろく》

炊いた米に麹（こうじ）と水を加えて醸造した、かすをこさない白く濁った酒。濁り酒。もろみ酒。

梯子酒《はしござけ》

麦酒《ビール》

葡萄酒《ワイン》

神酒《みき》

神に供える酒。酒の美称で「み」は接頭語。『古事記』や『万葉集』などの古典にも記述が見られる。

混合酒《カクテル》

小酒《リキュール》

鰭酒《ひれざけ》

ふぐや鯛などのひれをあぶり焼いて、燗酒（かんざけ）に入れたもの。

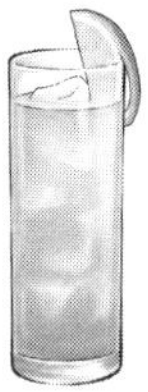

調味料

使いたくなる調味料の読み方

鬱金　うこん

鬱金はショウガ科の多年草で、鬱金色はあざやかで濃い黄色。ターメリック。

荏胡麻　えごま

シソ科の一年草。種子から油を採取する。

芥子　からし

糀　こうじ

米や麦などにかびなどを繁殖させたもの。

胡椒　こしょう

苦椒醤　コチュジャン

唐辛子（コチュ）やもち米などからつくる、朝鮮料理に用いるみそ（ジャン）。

撒爾沙《サルサ》

トマト・たまねぎ・香辛料などからつくったソース。スペインやメキシコ料理に使われ、「サルサ」はスペイン語でソースの意味。

山椒《さんしょう》

肉桂《ニッキ》

豆板醬《トウバンジャン》

ソラマメと唐辛子を原料につくる中国の発酵調味料。

肉豆蔲《にくずく》

ニクズク科の常緑高木。種子中のナツメグは香辛料・健胃剤用。

醬味噌《ひしおみそ》

大豆や小麦でつくった麹に塩を混ぜてつくった食品。なめみそにしたり、なすやうりなどを入れて調味料をつくったりする。

味醂《みりん》

山葵《わさび》

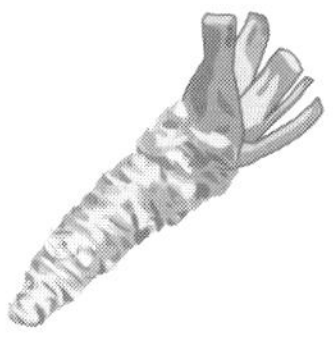

動物

頑張れば想像できる動物の読み方

浣熊　あらいぐま

羚羊　かもしか

袋鼠　カンガルー

熊猫　パンダ

蝙蝠　こうもり

麒麟　きりん

貂　てん

イタチ科の哺乳類。いたちに似た獣で夜間に活動する。その毛皮は価値が高く、コートや襟巻などに利用される。

蜥蜴 とかげ

馴鹿 トナカイ

樹懶 なまけもの

羆 ひぐま

狒々 ひひ

オナガザル科の哺乳動物。「狒々」という名前は日本の伝説上の妖怪から。

鼯鼠 ももんが

リス科の小型哺乳類。夜行性で、飛膜を広げて滑空する。大型のムササビもリス科。

土竜 もぐら

豪猪 やまあらし

ヤマアラシ科の哺乳動物。敵にあうと背面や尾の長いとげを立てて防御する。

栗鼠 りす

難読ウンチク❷

絶滅した動物の漢字

1975年以降、1年間に約1000種の生物が絶滅しているといわれています。

20世紀以降に絶滅したといわれる動物には、生息地が名前についているものが多くいます。中には動物の属名と生息地の地名とを合わせた複雑な名前など、絶滅した動物はしばしば難読な呼び名をもっています。

たとえば、1900年に絶滅したといわれる**蝦夷狼**（エゾオオカミ）は、名前のとおり蝦夷（北海道の旧称）に分布していましたが、明治時代になってからの開拓の影響で個体数を減らしていったようです。

また、標本が一体だけしか残っていない、幻の鳥とされる**宮古翡翠**（ミヤコショウビン＝カワセミ科）や、食用にされ森林伐採のために絶滅したとされる琉球烏鳩（リュウキュウカラスバト）も名前が地名に由来する絶滅動物です。

　家畜伝染病や人間による駆除のために絶滅した日本狼や毛皮の乱獲のために絶滅したといわれる日

本川獺（ニホンカワウソ）は、日本各地に生息していたので国名がついています。

　カスピ海沿岸に生息し1970年代に絶滅した裏海虎（カスピトラ）は、毛皮や漢方薬にするための骨を狙われて絶滅しました。

　地名ではありませんが、その色と姿の美しさによって極楽鸚哥（ゴクラクインコ）と呼ばれる鳥がいました。やはり乱獲や環境破壊のために絶滅しました。

水中生物

すいすい読める？ 水中生物の読み方

海豹　あざらし

海驢　あしか

河豚　ふぐ

海老　えび

海豚　いるか

海胆　うに

魚虎　はりせんぼん

海星　ひとで

膃肭臍《オットセイ》

北太平洋にすむアシカ科の哺乳類。

旗魚《かじき》

海月《くらげ》

柳葉魚《ししゃも》

蝦蛄《しゃこ》

浅い海の砂底にすむシャコ科の甲殻類。

海馬《たつのおとしご》

海鼠《なまこ》

海底にすむナマコ綱の動物。内臓の塩辛「このわた」は日本三大珍味のひとつ。

烏賊《いか》

翻車魚《まんぼう》

マンボウ科の大型硬骨魚。体長約3メートルで縦にひらたい卵円形。漢字は、車がひっくり返った形から。

魚へん

寿司屋で使える魚へんの魚の読み方

鰯 いわし

鯑 かずのこ

鮗 このしろ

ニシン科の魚類。体長25センチほどで、暖海や内湾に生息。漢字は、旬が冬とされることから。

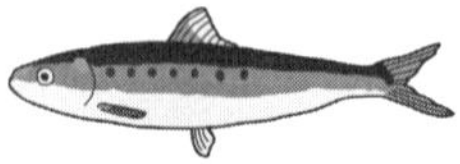

魳 かます

鯖 さば

鱩 はたはた

ハタハタ科の海産硬骨魚。雷の鳴る冬に、産卵のために海岸に押し寄せることからの名。かみなりうお。

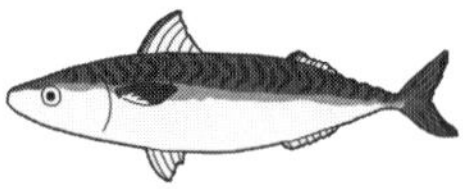

鰈　かれい

鰊　にしん
ニシン科の回遊魚。体長は30センチほど。食用、肥料用で卵は数の子。

鰆　さわら

鱸　すずき

鱈　たら

鰹　かつお

鱚　きす
キス科の海魚。食用。漢字は「キ」の音をもつ「喜」をあてたことから。

鱧　はも

鮃　ひらめ

鰤　ぶり

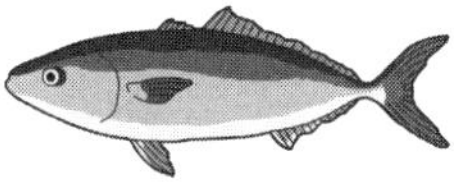

虫

アウトドアで使える虫の読み方

水黽 あめんぼ

馬大頭 おにやんま

赤蜻蛉 あかとんぼ

蟋蟀 こおろぎ

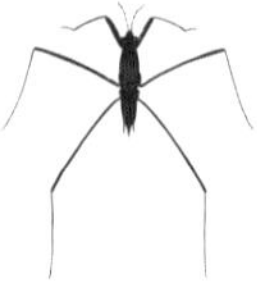

螽斯 きりぎりす

螻蛄 けら

ケラ科の昆虫。「おけら」とも。

沙蚕 ごかい

ゴカイ科の環形動物。海辺の砂地にすみ、釣りのえさに使用される。

鳳蝶 あげはちょう

甲虫 かぶとむし

寒蟬 つくつくぼうし

蝸牛 かたつむり

天道虫 てんとうむし

蛞蝓 なめくじ

飛蝗 ばった

孑孒 ぼうふら

蚊の幼虫の俗称。尾の端の呼吸管を水面に出して呼吸する。「ぼうふり」とも。

蚯蚓 みみず

蜩 ひぐらし

鳥

姿も漢字も凜々しい鳥の読み方

鸚哥
いんこ

鸚鵡
おうむ

信天翁
あほうどり

春告鳥
うぐいす

鳰
かいつぶり

カイツブリ科の水鳥。「鳰（にお）」は水に入る鳥を意味する和製漢字。

鵲
かささぎ

カラス科の鳥。天然記念物。

啄木鳥
きつつき

金糸雀　カナリア

軍鶏　しゃも

鶺鴒　せきれい

セキレイ科の一部の鳥の総称。

雲雀　ひばり

翡翠　かわせみ

木菟　みみずく

朱鷺　とき

鵺　ぬえ

ツグミ科の鳥で、夜中に気味の悪い声で鳴く「トラツグミ」の別名。源頼政が退治した想像上の怪獣とも。

時鳥　ほととぎす

百舌　もず

漢字は、多くの鳥の声をまねることから。

難読ウンチク 3

伝説の生き物の漢字

伝説の生き物には、各地に語り継がれた生き物など、さまざまな生き物がいます。

実際にいたかどうかはわからない伝説の生き物にも、難読漢字を名にもつものがいます。

たとえば、『古今著聞集《ここんちょもんじゅう》』や『平家物語』などに出てくる地獄の獄卒に**牛頭馬頭**（ごずめず）と呼ばれる鬼たちがいます。**牛頭**（ごず）は頭が牛、**馬頭**（めず）は頭が馬で身体は人間の形をしています。

『日本書紀』に登場する**八岐大蛇**（やまたのおろち）は、八つの頭と八つの尾をもつ蛇の怪物です。頭と尾がそれぞれ分かれていることから、分かれる意味をもつ「岐」の漢字が使われます。

迦陵頻伽（かりょうびんが）は、美人の顔と鳥の身体をもつ想像上の生物で、極楽浄土にすむといわれます。この鳥をサンスクリット語でカラヴィンカといい、その音に漢字をあててこう書きます。

『旧約聖書』には、天使の最上級に位置する熾天使（してんし）が登場。「熾」は火が盛んに燃えあ

がる意味で、神への愛で体が燃えていることからこう呼ばれます。

また、映画などでおなじみの中国の妖怪殭屍（キョンシー）は、「殭」の字がこわばった死体を意味し、「屍」がしかばねを表わすことからこの漢字が用いられています。同じ中国の伝説の生き物で、人の悪夢を食うという貘（ばく）は、へんが獣の意味を、つくりの莫が「バク」という発音を表わします。

植物

風流を感じる植物の読み方

銀杏　いちょう

翌檜　あすなろ

日本特産のヒノキ科の常緑高木。明日は檜（ひのき）になろうという意味から。

馬酔木　あせび

馬が葉を食うと酔うといわれる低木。

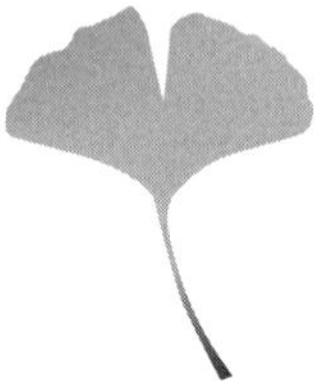

金雀児　えにしだ

マメ科の落葉低木。

榕樹　ガジュマル

クワ科の常緑高木。観葉植物。

枳殻　からたち

茎にとげがあるミカン科の落葉低木。

白楊樹
ポプラ

仙人掌
サボテン

百日紅
さるすべり

忍冬
すいかずら
冬を耐えて忍ぶ名をもつ常緑つる性植物。

篠懸
すずかけ
スズカケノキ科の落葉高木。プラタナス。

椚
くぬぎ
春に黄色の花を開くツゲ科の常緑低木。

満天星
どうだんつつじ
ツツジ科の落葉低木。

柊
ひいらぎ
庭木や生け垣に用いるモクセイ科の小高木。

通草
あけび

落葉松
からまつ

花

姿も漢字も美しい花の読み方

紫陽花
あじさい

車前草
おおばこ

オオバコ科の多年草。「車前」の漢字は車などの通る道端に自生したことから。

雛罌粟
ひなげし

ケシ科の越年草。ポピー。

女郎花
おみなえし

スイカズラ科の多年草。秋の七草のひとつ。

燕子花
かきつばた

アヤメ科の多年草。湿地に群生。

金鳳花
きんぽうげ

キンポウゲ科の多年草。山野に自生。有毒。

秋桜　コスモス

山茶花　さざんか

耶悉茗　ジャスミン

蒲公英　たんぽぽ

撫子　なでしこ

ナデシコ科の多年草。秋の七草のひとつ。

菫　すみれ

向日葵　ひまわり

風信子　ヒヤシンス

鬱金香　チューリップ

薔薇　ばら

百合　ゆり

復習ドリル Part 2

出てきた漢字に挑戦！

パート２の復習です。漢字の意味をヒントに、いくつ読めるでしょうか。

甘藍
アブラナ科の野菜。

土筆
トクサ科の多年草であるスギナの胞子茎。

玉蜀黍
トウキビともいう。

菠薐草
アカザ科の野菜。

甘蕉
実は房状になり、黄色に熟す。

甜瓜
果実は球形になる。

濁酒
濁り酒。もろみ酒。

神酒
神に供える酒。

荏胡麻
種子から油を採取する。

撒爾沙
スペイン語でソースを意味する。

浣熊
物を洗うようなしぐさをすることからの名。

馴鹿
雄だけでなく雌にも角がある。

樹懶
動作がゆっくりとしている。

海月
体は寒天質からなり、傘の形をしている。

鵲
カラス科の鳥。天然記念物。

柊
庭木や生け垣に用いるモクセイ科の小高木。

土竜
地中に生息し、目が退化している。

翻車魚
車がひっくり返った形からついた漢字。

百舌
多くの鳥の声をまねることからついた漢字。

燕子花
アヤメ科の多年草。

海豹
おもに北洋と南極周辺に生息している。

孑孒
蚊の幼虫の俗称。

通草
秋に、長楕円形で淡紫色の実がなる。

菫
4～5月に濃紫色の花を開く。

海豚
クジラ目小型ハクジラ類の総称。

蜩
明け方や夕方に高い声で鳴く。

翌檜
日本特産のヒノキ科の常緑高木。

風信子
キジカクシ科の多年草。

⇐答えは次ページへ

復習ドリル

Part2【答え】

さて、どれだけ読めたでしょうか。読めない漢字がたくさんあったという人は、しっかり復習しましょう。

【甘藍】キャベツ
【甘蕉】バナナ
【荏胡麻】えごま
【樹懶】なまけもの
【海月】くらげ
【鵲】かささぎ
【柊】ひいらぎ

【土筆】つくし
【甜瓜】メロン
【撒爾沙】サルサ
【土竜】もぐら
【翻車魚】まんぼう
【百舌】もず
【燕子花】かきつばた

【玉蜀黍】とうもろこし
【濁酒】どぶろく
【浣熊】あらいぐま
【海豹】あざらし
【孑孑】ぼうふら
【通草】あけび
【菫】すみれ

【菠薐草】ほうれんそう
【神酒】みき
【馴鹿】トナカイ
【海豚】いるか
【蜩】ひぐらし
【翌檜】あすなろ
【風信子】ヒヤシンス

Part 3

身のまわりにあるものの漢字

これは何ですか?

洋服

意外に読めない洋服に関する漢字

合羽
カッパ

外套
がいとう

防寒・防水のために洋服の上に着る衣服。英語ではオーバーコート。

燕尾服
えんびふく

男性の洋式礼服。上着の後ろの裾が特徴。

別珍
べっちん

綿糸を織り、毛羽（けば）を表面に出した織物のひとつ。足袋や下駄の鼻緒に使われる。

軽衫
カルサン

袴（はかま）の一種。

釦
ボタン

天鵞絨　ビロード

パイル織物の一種。

鹿の子織り　かのこおり

ニット編みのひとつでポロシャツの生地に用いられる。凹凸感のある編み目柄が特徴。

平織り　ひらおり

経糸《たていと》と緯糸《よこいと》を交互に織る生地。

起毛　きもう

生地の表面の繊維を毛羽立たせること。これにより生地に厚みが出て、保温力が増す。

千鳥格子　ちどりごうし

格子模様のひとつ。千鳥が連なって飛んでいるように見えることから命名。

既製服　きせいふく

不特定多数の消費者向けに、あらかじめ特定のサイズを用意して大量生産した衣料品。

洋服のウンチク

ツバメの尾に似た燕尾服

「ツバメの尾」と書く燕尾服は見た目をそのまま漢字に当てたものです。男性が着用する礼服の上着の後ろの裾がツバメの尾のように割れていることから命名されました。

和服

知っておきたい和服に関する漢字

足袋《たび》

草履《ぞうり》

紋付《もんつき》

家紋をつけた礼装用の着物や羽織のこと。紋服（もんぷく）ともいいます。五つ紋、三つ紋、一つ紋などがあります。

羽織《はおり》

着物の上に着る、えりを折った短い衣服。

半纏《はんてん》

法被《はっぴ》

下級武士が着た家紋つきの衣服が起源。職人に広がり、今日では祭の際に着用します。

比翼　ひよく

「比翼仕立て」の略。着物のふち、袖、裾などを二重にして、重ね着しているように仕立てること。洋裁でも使われています。

雪駄　せった

竹の皮ぞうりの裏に牛皮をはり、後部に金物を打った日本の伝統的なはきもの。

反物　たんもの

下駄　げた

上前　うわまえ

着物の前で合わせたとき、上（外側）になる部分。下（内側）になる部分は下前《したまえ》。

巾着　きんちゃく

和服を着たときに、小物を収納して持ち歩くための袋。巾着袋。

和服のウンチク

着用層が異なった法被と半纏

法被とよく似たデザインの「半纏」は「はんてん」と読みます。法被が下級武士を中心に愛用されたのに対し、半纏は町民や職人に日常的に着用されたといわれています。

着物

きらびやかな着物に関する漢字

留袖《とめそで》

婦人の礼装用着物で、袖丈が普通の長さのもの。既婚女性の第一礼装は黒留袖。

振袖《ふりそで》

袖丈が長く、脇の下を縫わない袖の着物。

浴衣《ゆかた》

文目《あやめ》

模様や色合い。

袴《はかま》

絣《かすり》

ところどころに、かすったような同じ模様をたくさんおいた織物。染めもの。

紬《つむぎ》

絹織物のひとつで、つむぎ糸で織った絹布。

単《ひとえ》

初夏から初秋に着る、裏地をつけない着物。

襦袢《じゅばん》

和服の下着。「じばん」とも。丈の短い肌襦袢と着物のすぐ下に着る長襦袢があります。

小紋《こもん》

布地一面に細かい模様を染め出したもの。

衽《おくみ》

「おおくび」がなまって変わったもの。和服の両前の身ごろの端にある、えりから裾までの細長い布のこと。

袷《あわせ》

裏をつけて仕立てた着物。

着物のウンチク

既婚は留袖、未婚は振袖

留袖と振袖は、どちらも女性の正装用の着物で、結婚式・披露宴や成人式で見る機会が多くあります。既婚女性は留袖、未婚女性は振袖を着用するのが伝統的なルールです。

住居

くつろぎたくなる住居に関する漢字

格子戸《こうしど》

和の建築意匠のひとつ。細い木を縦横に組み合わせてつくった格子状の扉、引き戸。

襖《ふすま》

庇《ひさし》

窓・縁などの上部に張り出した小さな屋根。

三和土《たたき》

砂やセメントなどで固めた土間。

数寄屋《すきや》

庭園の中にある茶室。

納戸《なんど》

衣服・道具などをしまっておく部屋。

縁側
えんがわ
座敷の外側の細長い板敷しのスペース。

雪隠
せっちん
「せついん」が転じたもの。トイレのこと。中国から伝わってきた呼び名といわれる。
框
かまち
床の端にわたす横木のこと。戸や障子などの周囲の枠。

混凝土
コンクリート

甃
いしだたみ

隠処
かくれが

生簀
いけす
魚を飼いおくところ。

住居のウンチク

3種類の材料から成る三和土

三和土の語源は「叩き」です。では、なぜこの漢字を当てたのでしょうか？ 土、石灰、苦汁（にがり）の3種類の材料を混ぜて固めたことに由来するという説が有力です。

台所

台所にまつわる道具の読み方

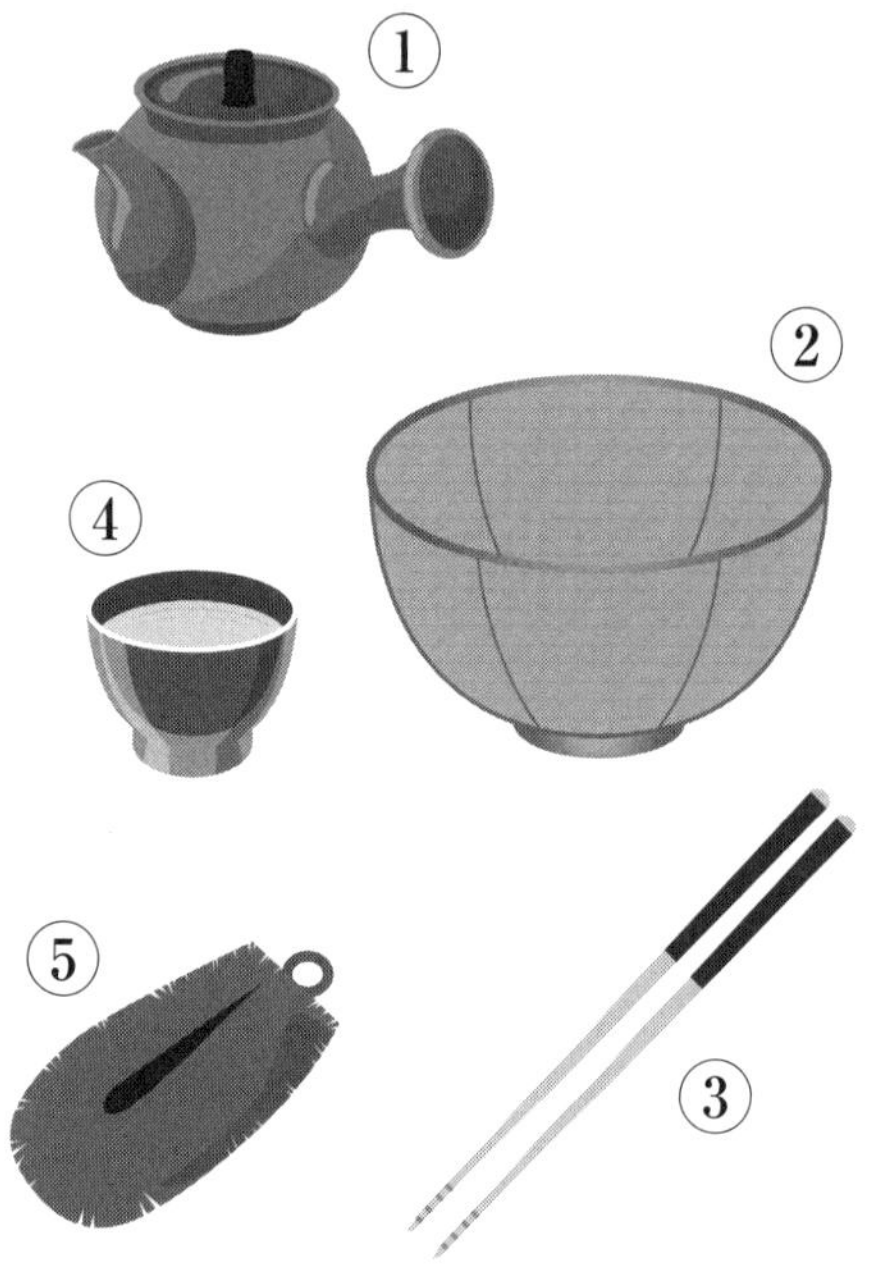

① 急須《きゅうす》

② 笊《ざる》

③ 菜箸《さいばし》

④ お猪口《おちょこ》

⑤ 束子《たわし》

⑥ 匙《さじ》

⑦ 俎板《まないた》

⑧ 薬缶《やかん》

⑨ 徳利《とっくり》

⑩ 御櫃《おひつ》

⑪ 箆《へら》

⑫ 卓袱台《ちゃぶだい》

難読ウンチク❹

和風建築にまつわる漢字

床下や天井の上など、建物を支えている構造物は難読漢字の宝庫です。

日本の伝統を生かした和風建築には、気候・風土、生活様式に合った建築手法や部材が用いられており、難読漢字が多く使われています。

たとえば、きへんに「眉」と書く**楣**（まぐさ）。これは、門や窓・出入り口などの上に渡した水平材（横材）のことです。

さらに、部材だけでもさまざまな呼び名があります。たとえば屋根を構成する**棟木**（むなぎ）や**梁**（はり）。棟木は屋根の骨組みの頂部に用いられる部材のこと、梁は屋根の重みを支える横木のことです。なお、棟木を上げることを**棟上**（じょうとう）、あるいは**棟上げ**（むねあげ）と呼びます。

木材や土壁、紙などの素材を駆使する日本建築には、海外にはない手法が多く使われています。そのひとつが、**筋交い**（すじかい）です。柱と柱の間に斜めに部材を入れるので、建物の構造を補強することができます。

根太（ねだ）という構造物があり、字面だけ見れば「ねぶと」と読みそうになります。これは建物の床を支える補強部材の役割を担います。

また、**長押**（なげし）は「ながおし」と読みがちです。これは壁に設けられたレールのような横木のこと。もとは柱を横方向から固定する構造材でしたが、現在は装飾の一種となっています。

家具

昔ながらの家具の読み方

箪笥　たんす

炬燵　こたつ

葦簀　よしず

ヨシ（イネ科のアシの別名）の茎を編んでつくったすだれ。日ざしや人目を遮るために現在も使われています。

鏡台　きょうだい

鏡を取りつけた化粧用の家具。現代女性が使うドレッサーは「洋式の鏡台」です。

暖簾　のれん

屏風　びょうぶ

室内に立て、しきりや飾りにする家具。

簾

すだれ

細く削った竹を編んで、日よけや部屋のしきりとしてたらすもの。

水瓶

みずがめ

水を入れる、底の深い陶磁器。

簀の子

すのこ

角材に細い板を張りならべたもの。押し入れなど湿気の多い場所で重宝されています。

襖

ふすま

障子

しょうじ

蚊帳

かや

縁台

えんだい

家の外で腰をかける台。

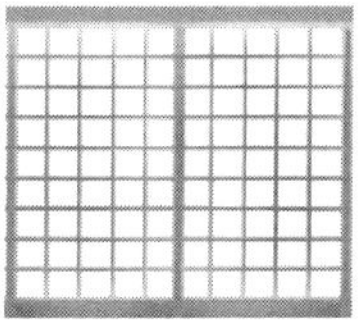

家具のウンチク

葦簀と簾の違いは?

葦簀と簾とでは、原料や大きさが異なります。葦簀はアシ、簾は竹を用います。また、葦簀は大型で、軒先に立て掛けて使うのに対し、小型の簾は軒や窓際に吊るして使います。

道具

古今東西の道具に関する漢字の読み方

鉋《かんな》

樹木の表面を削って平らにする大工道具。鉋を使って材木を削ることを「鉋をかける」「鉋掛け」といいます。

松明《たいまつ》

箒《ほうき》

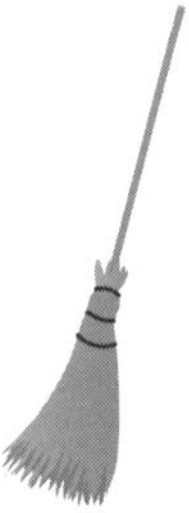

桶《おけ》

団扇《うちわ》

捩子《ねじ》

鋸《のこぎり》

鉄嘴
ピンセット

如雨露
じょうろ

「噴水」を意味するポルトガル語のＪｏｒｒｏ（ジョロ）の当て字。

御虎子
おまる

燧石
ひうちいし

鋤
すき

鍬
くわ

鑿
のみ

木材・石・金属などに穴をあけたり、溝を掘ったりする工具。形状から、平鑿、丸鑿、角鑿に大別されます。

道具のウンチク

雨露のような「如雨露」

如雨露は、ポルトガル語起源の「じょうろ」の当て字で、「雨露の如（ごと）し」と意味を表わしています。なお、雨露の読みは「あめつゆ」または「あまつゆ」。

文具

一度は使ったことのある文具にまつわる漢字

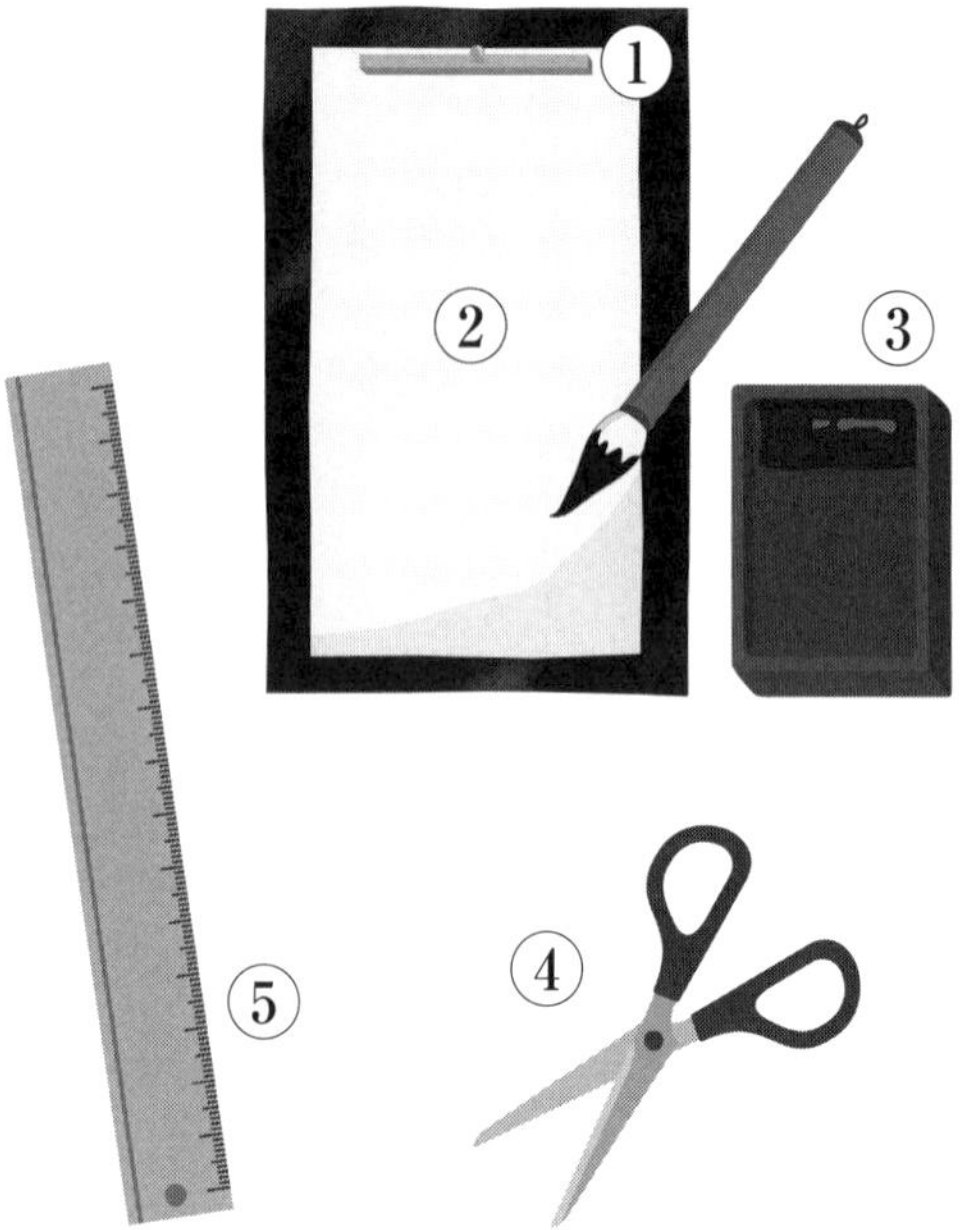

① 文鎮　ぶんちん

② 半紙　はんし

③ 硯　すずり

④ 鋏　はさみ

⑤ 定規　じょうぎ

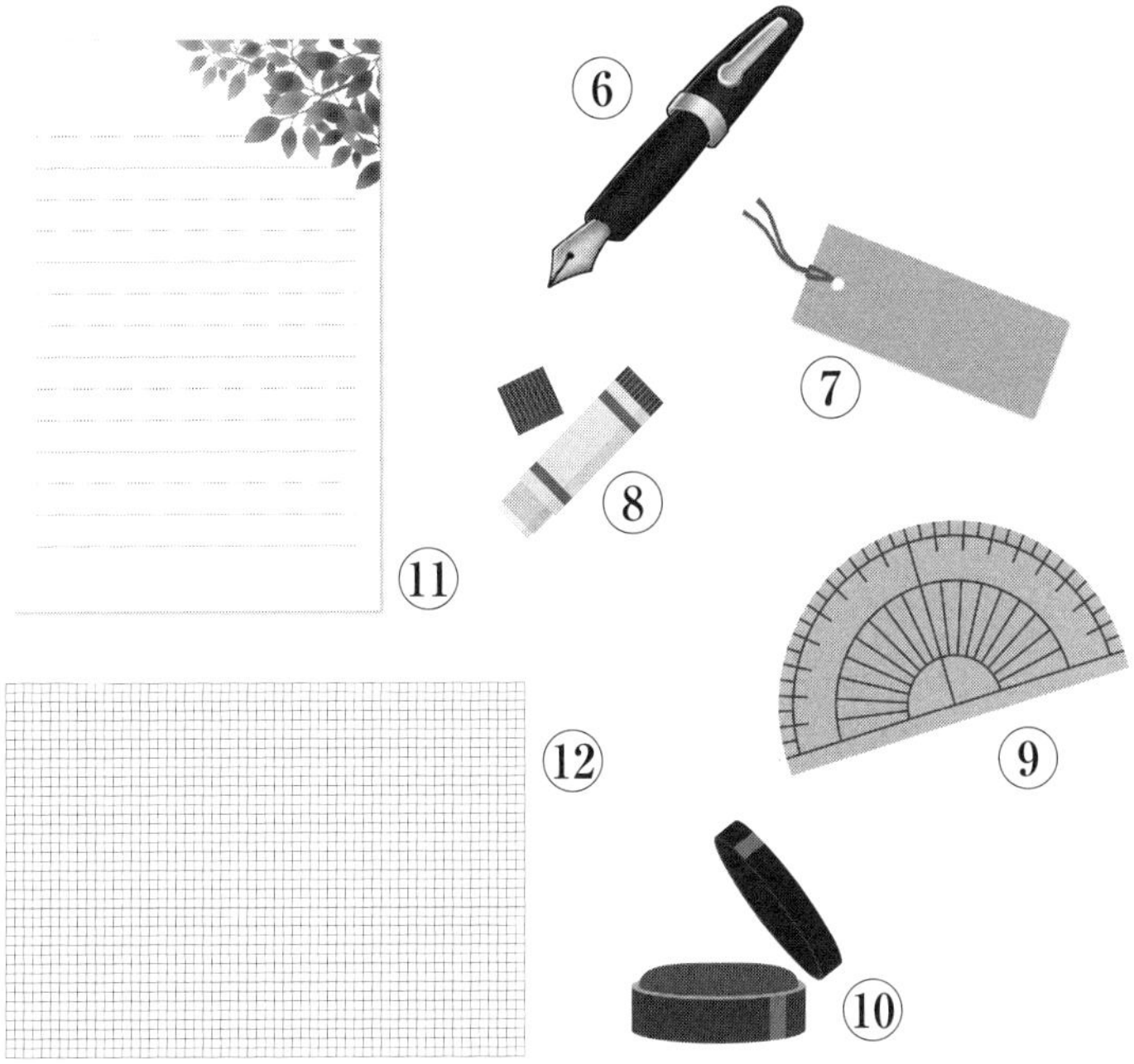

⑥ 万年筆《まんねんひつ》

⑦ 栞《しおり》

⑧ 糊《のり》

⑨ 分度器《ぶんどき》

⑩ 朱肉《しゅにく》

⑪ 便箋《びんせん》

⑫ 方眼紙《ほうがんし》

気分が高揚する音楽にまつわる漢字

三線《さんしん》

沖縄県や鹿児島県奄美地方で主に用いられる弦楽器の一種。三味線より小ぶり。

風琴《オルガン》

洋琴《ピアノ》

提琴《バイオリン》

口風琴《ハーモニカ》

胡弓《こきゅう》

東洋の弦楽器。形と大きさは三味線に似ており、弦は3本か4本。馬の尾の毛を張った弓でこすりながら演奏する。

喇叭　ラッパ

自鳴琴　オルゴール

狂詩曲　ラプソディー

鎮魂歌　レクイエム

三味線　しゃみせん

長唄や浄瑠璃などの伴奏に用いられる日本の楽器。三本の弦が張られている。

手風琴　アコーディオン

哨吶　チャルメラ

銅鑼　どら

笙　しょう

中空の箱形の上底に竹の管を環状に並べたてた木製管楽器。

木魚　もくぎょ

鉱物・宝石

貴重で美しい鉱物・宝石の漢字

金剛石　こんごうせき

ダイヤモンドのこと。

紅玉　こうぎょく

ルビーのこと。

青玉　せいぎょく

サファイアのこと。

翠玉　すいぎょく

エメラルドのこと。

黄玉　おうぎょく

トパーズのこと。

藍玉　らんぎょく

アクアマリンのこと。

琥珀　こはく
植物の樹脂が化石となったもの。

雲母　うんも
六角板状の結晶をなす珪塩酸鉱物《けいさんえん》。

瑠璃　るり
ラピス・ラズリのこと。

玻璃　はり
水晶のこと。

蛋白石　たんぱくせき
オパールのこと。

石榴石　ざくろいし
ガーネットのこと。

孔雀石　くじゃくいし
マラカイトのこと。

土耳古石　とるこいし
ターコイズのこと。

紫水晶　むらさきずいしょう
アメジストのこと。紫色の水晶。

黄水晶　きずいしょう
シトリンのこと。淡黄色で透明な水晶。

色

色にまつわる漢字の読み方

群青色 ぐんじょういろ

深紅 こきべに

「しんく」とも読む。古くは「こきくれない」とも呼び、紅色のなかでもとくに深みのある紅色を指す。

淡緑 うすみどり

錆色 さびいろ

鉄錆のような赤茶色のこと。よく似た色に焦茶や雀茶がある。

紫苑色 しおんいろ

紫苑の花のような淡い紫色。

緋色 ひいろ

鳶色　とびいろ

鳥のトビの羽毛の色のような赤みの茶色。江戸時代に流行した染色といわれている。

梅鼠　うめねずみ

紅梅の花に由来する赤みを形容しており、薄い鼠色を指す。

赤紫　うすむらさき

萌黄　もえぎ

春先に萌え出る若葉のような冴えた黄緑色。

瑠璃色　るりいろ

仏教の七宝のひとつである、やや紫みを帯びた鮮やかな青。日本の伝統色のひとつ。

緑青色　ろくしょういろ

銅に生じるサビのようなくすんだ緑。淡い青緑のこと。

色のウンチク

何かにたとえる日本の伝統色

色を漢字で表現する際には、誰でも知っているものにたとえるのが、確実で簡単な方法です。トビの羽の色にたとえた鳶色、さびた鉄の色にたとえた錆色などはその典型です。

単位
今でも使われている単位の読み方

頁 ページ

打 ダース

粆 ミクロン

米 メートル

糎 センチメートル

立 リットル

瓲 トン

質量の単位。「瓲」は仏トン、「噸」（屯は略字）は英トンを表わす。機械業界の一部では現在も使われている。

弗
ドル

記号「$」の形に近い漢字を当てたもの。

瓦
グラム

哩
マイル

ヤードポンド法の距離の単位。1マイルは1760ヤードで、約1・6キロメートル。

吋
インチ

ヤードポンド法の距離の単位。1インチは2・54センチ。

呎
フィート

ヤードポンド法の距離の単位。1フィートは0・3048メートル（30・48センチ）。

碼
ヤード

ヤードポンド法の距離の単位。1ヤードは0・9144メートル。

単位のウンチク

大きいという意味もある京

もともと「京」という漢字は皇居のある都を表わしています。これに「大きい」という意味が加わり、1兆の1万倍の数の単位に使われるようになったようです。

復習ドリル
Part 3

出てきた漢字に挑戦！

パート3の復習です。漢字の意味をヒントに、いくつ読めるでしょうか。

足袋
和服用のはきもの。

雪駄
日本の伝統的なはきもの。

紬
絹織物のひとつ。

単
初夏から初秋に着る、裏地をつけない着物。

庇
窓・縁などの上部に張り出した小さな屋根。

三和土
砂やセメントなどで固めた土間。

納戸
衣服・道具などをしまっておく部屋。

雪隠
トイレのこと。

框
床の端にわたす横木。

俎板
包丁で切るさいに下に置く板や台。

御櫃
炊き上げた粥や飯を入れるための食器。

束子
主に食器をこすって洗うのに使う道具。

屏風

室内に立て、しきりや飾りにする家具。

鋸

木材を引切るためにも用いる木工刃具。

糊

接合剤。

打

12個を1組として数えるときの単位。

簾

日よけや部屋のしきりとしてたらすもの。

如雨露

草木に水を注ぎかける用具。

栞

本の間にはさんで目印とするもの。

瑠璃色

やや紫みを帯びた鮮やかな青。

簀の子

角材に細い板を張りならべたもの。

硯

墨をする文房具の一種。

口風琴

口にくわえて吹奏する楽器。

米

長さの単位。

鉋

樹木の表面を削る大工道具。

鋏

物を切る道具。

頁

書籍などの紙の一面。

弗

通貨単位のひとつ。

⇐答えは次ページへ

復習ドリル

Part3【答え】

さて、どれだけ読めたでしょうか。読めない漢字がたくさんあったという人は、しっかり復習しましょう。

【足袋】たび
【庇】ひさし
【框】かまち
【屏風】びょうぶ
【鋸】のこぎり
【糊】のり
【打】ダース

【雪駄】せった
【三和土】たたき
【俎板】まないた
【簾】すだれ
【如雨露】じょうろ
【栞】しおり
【瑠璃色】るりいろ

【紬】つむぎ
【納戸】なんど
【御櫃】おひつ
【簀の子】すのこ
【硯】すずり
【口風琴】ハーモニカ
【米】メートル

【単】ひとえ
【雪隠】せっちん
【束子】たわし
【鉋】かんな
【鋏】はさみ
【頁】ページ
【弗】ドル

Part 4

人名の漢字

お名前は何とお呼びしますか？

苗字

めずらしい苗字の読み方

一口《いもあらい》

包末《かのすえ》

定標《じょうぼんでん》

鶏冠井《かえで》

鏑木《かぶらぎ》

資延《すけのべ》

勘解由小路《かでのこうじ》

七五三田《しめた》

左右加《そうか》

めずらしい苗字を集めましたが、苗字にはその漢字が用いられた意図があります。たとえば「小鳥が遊ぶ」と書く小鳥遊は、「鷹がいない（鷹なし）ので、小鳥が安心して遊べる」状態を表わしているといわれています。

梵《そよぎ》

種子永《たねなが》

栗花落《つゆ》

合歓垣《ねむがき》

向畦地《むかいあぜち》

小鳥遊《たかなし》

田苅子《たかいこ》

凸守《でこもり》

兀山《はげやま》

月見里《やまなし》

奉日本《たかもと》

葛籠山《つづらやま》

百目鬼《どうめき》

辺銀《ぺんぎん》

四月一日《わたぬき》

四月一日という苗字は、綿と無関係ではありません。かつて農村などでは四月一日に、防寒用の着物から綿を抜いたことにちなんでいるのです。また、月見里は「月を遮る山がない」という意味。月が見える里とは、粋《いき》で美しい光景ではありませんか。

古墳〜平安

歴史人物①の名前の読み方

物部麁鹿火

もののべのあらかび

古墳時代の豪族。天皇を補佐した。

舒明天皇

じょめいてんのう

第34代天皇。

犬上御田鍬

いぬがみのみたすき

古墳（飛鳥）時代の豪族。

山背大兄王

やましろのおおえのおう

厩戸皇子（聖徳太子）の子で皇族。

中臣鎌足

なかとみのかまたり

古墳（飛鳥）時代の豪族で藤原氏の始祖。

額田王

ぬかたのおおきみ

古墳（飛鳥）時代の日本の皇族。歌人。

山上憶良《やまのうえの おくら》
奈良時代初期の貴族。歌人。

太安万侶《おおの やすまろ》
奈良時代前期の貴族。

石上宅嗣《いそのかみの やかつぐ》
奈良時代後期の貴族。

和気清麻呂《わけの きよまろ》
奈良時代末期～平安時代初期の貴族。

橘逸勢《たちばなの はやなり》
平安時代初期の貴族。書家。

凡河内躬恒《おおしこうちの みつね》
平安時代前期の歌人。

源高明《みなもとの たかあきら》
平安時代中期の貴族。

藤原伊周《ふじわらの これちか》
平安時代中期の貴族。

鎌倉〜江戸

歴史人物②の名前の読み方

比企能員《ひき よしかず》

鎌倉幕府第2代将軍・源頼家の親族で有力者。

源実朝《みなもとの さねとも》

鎌倉幕府第3代将軍。

公暁《くぎょう》

鎌倉幕府第2代将軍・源頼家の次男。

土御門天皇《つちみかど てんのう》

第83代天皇。

親鸞《しんらん》

鎌倉時代前期〜中期の僧。浄土真宗の開祖。

護良親王《もりよし しんのう》

鎌倉時代末期〜建武の新政期の皇族。

高師直

こうの もろなお

鎌倉時代後期～室町時代初期の武将。

池坊専慶

いけのぼう せんけい

室町時代中期の僧。華道家元の池坊の開祖。

畠山義就

はたけやま よしなり

室町時代後期の武将。大名。

足利義材

あしかが よしき

室町幕府第10代将軍。

戸次鑑連

べっき あきつら

室町時代末期の武将。

蠣崎季広

かきざき すえひろ

室町時代末期～安土桃山時代の武将。大名。

長宗我部元親

ちょうそかべ もとちか

室町時代末期～安土桃山時代の武将。大名。

蒲生氏郷

がもう うじさと

室町時代末期～安土桃山時代の武将。大名。

下間頼廉 しもつま らいれん
室町時代末期の僧。武将でもあった。

海北友松 かいほう ゆうしょう
安土桃山〜江戸時代初期にかけての絵師。

支倉常長 はせくら つねなが
伊達政宗の家臣。安土桃山時代〜江戸時代初期の武将。

由比正雪 ゆい しょうせつ
江戸時代前期の軍学者。

浅野長矩 あさの ながのり
江戸時代前期の播磨赤穂（はりまあこう）藩・第3代藩主。『忠臣蔵』では浅野内匠頭（たくみのかみ）の名で登場する。内匠頭の仇を討ったのは大石内蔵助（くらのすけ）、討たれたのは吉良上野介（きらこうずけのすけ）。

荻生徂徠 おぎゅう そらい
江戸時代中期の儒学者。思想家。

荷田春満 かだの あずままろ
江戸時代中期の国学者。歌人。

本居《もとおり》宣長《のりなが》
江戸時代中期の国学者。

東洲斎《とうしゅうさい》写楽《しゃらく》
江戸時代中期の浮世絵師。

蒲生《がもう》君平《くんぺい》
江戸時代後期の儒学者。

松平《まつだいら》不昧《ふまい》
出雲松江藩・第7代藩主。実名は松平治郷（はるさと）。

岩瀬《いわせ》忠震《ただなり》
江戸時代末期の幕臣。

徳川《とくがわ》家茂《いえもち》
江戸幕府第14代将軍。

名前のウンチク

雅号《がごう》のほうが名高い人物

歴史人物のなかには、実名よりも画家・書家としての雅号のほうが有名になった人物がいます。雅号とは、今でいうペンネームのことです。松平不昧は雅号で、本名よりも有名になりました。松下村塾で教えた吉田「松陰」も雅号で、本名は矩方(のりかた)です。

明治以降

歴史人物③の名前の読み方

三条実美《さんじょう さねとみ》

政治家。公爵。

谷干城《たに たてき(かんじょう)》

明治政府で大臣職を務める。

山縣有朋《やまがた ありとも》

第3・9代内閣総理大臣。陸軍大将。

井上毅《いのうえ こわし》

明治政府で大臣職を務める。

西周《にし あまね》

哲学者、啓蒙思想家。

榎本武揚《えのもと たけあき》

明治政府で大臣職を務める。

河東碧梧桐
かわひがし へきごとう
俳人、随筆家。

乃木希典
のぎ まれすけ
軍人。陸軍大将。

陸羯南
くが かつなん
ジャーナリスト。評論家。

高山樗牛
たかやま ちょぎゅう
文芸評論家、思想家。

森有礼
もり ありのり
明治政府で大臣職を務める。

西園寺公望
さいおんじ きんもち
第12代内閣総理大臣。公爵。

徳富蘆花
とくとみ ろか
小説家。評論家の徳富蘇峰（そほう）は兄。

近衛文麿
このえ ふみまろ
第34・38・39代内閣総理大臣。公爵。

東久邇宮稔彦

ひがしくにのみや　なるひこ

第43代内閣総理大臣。元皇族。

南方熊楠

みなかた　くまぐす

博物学者、生物学者、民俗学者。

幣原喜重郎

しではら　きじゅうろう

第44代内閣総理大臣。

尾崎秀実

おざき　ほつみ

ジャーナリスト、評論家。

北大路魯山人

きたおおじ　ろさんじん

明治時代～昭和時代の陶芸家、書家。美食家としても名高い。

御木本幸吉

みきもと　こうきち

真珠の養殖に成功し、ミキモトを創業。

武者小路実篤

むしゃのこうじ　さねあつ

小説家、詩人。

杉原千畝

すぎはら ちうね

ユダヤ人の国外脱出に尽力した外交官。

虫明亜呂無

むしあけ あろむ

作家、評論家、随筆家。

御手洗毅

みたらい たけし

実業家。キヤノンを創業。

井深大

いぶか まさる

実業家。ソニーの創業者の一人。

江副浩正

えぞえ ひろまさ

実業家。リクルートを創業。

石牟礼道子

いしむれ みちこ

小説家。水俣病病患者を描いた作品を多く残す。

名字のウンチク

近衛の由来

摂政、関白として重きをなした「摂関家」である近衛家。その名字の由来は、邸のある地名が近衛だったことから近衛と呼ばれるようになったため、それを名字にしたといわれています。

難読ウンチク 5

キラキラネームの読み方

俗にいう「キラキラネーム」のうち、難読漢字を用いた名前を紹介します。

かつては、変わった名前でも、加恋（かれん）や童夢（どうむ）など、当て字のネーミングが多かったため、かろうじて読むことはできました。

ところが近年では、メルヘン系から特殊な世界観を表現した名前まで、まさに玉石混合。ヒントを出してもらっても読めない名前す

らあります。

たとえば、これらは女の子の名前だと想像できますが、苺愛（べりーあ）、愛羅（てぃあら）、祈愛（のあ）、姫凛（ぷりん）、姫星（きてぃ）、姫奈（ぴいな）などは、音読みしても訓読みしても、正しい名前を当てることはできません。

また、愛保（らぶほ）や泡姫

（ありえる）、精飛愛（せぴあ）、世歩玲（せふれ）などは、まったく読めないうえに、下ネタのような印象が強いため、良からぬ疑いをかけられてしまいそうです。

男の子の名前には、皇帝（しいざあ）、革命（れぼる）、頼音（らいおん）、宝物（おうじ）などがあります。容易に読める名前ではありませんが、これらは明確なメッセージをこめて命名したことが想像できます。

そのいっぽうで、黄熊（ぷう）や今鹿（なうしか）、琉絆空（るきあ）、天国（えでん）に至っては、いったいナニを託しているのか予測不能。異次元の記号のように受け取る人もいるでしょう。

外国人名

当て字に困惑する外国人名

愛因斯坦
アインシュタイン

亜爾吉墨都
アルキメデス

安得仙
アンデルセン

愛迪生
エジソン

該撒
カエサル

閣龍
コロンブス

沙翁
シェイクスピア

史大林
スターリン

卓別麟 チャップリン

那波列翁 ナポレオン

尼通 ニュートン

巴哈 バッハ

狂公子 ハムレット

貝多芬 ベートーベン

馬可波羅 マルコポーロ

蒙娜麗莎 モナリザ

莫差特 モーツァルト

林肯 リンカーン

雷諾阿 ルノアール

列寧 レーニン

著名人
現代の著名人の名前の読み方

錦織さん

錦織圭《にしこりけい》

島根県出身のプロテニス選手。同県出身者に錦織姓は多いが、読み方は多々ある。

錦織健《にしきおりけん》

島根県出身の声楽家。「にしきおり」のほか、「にしごり」「にしこおり」なども存在。

剛さん

綾野剛《あやのごう》

俳優。「剛」はつよい、かたい、丈夫などの意味。音読みが「ごう」。「こう」と読む場合もあります。

堂本剛《どうもとつよし》

歌手。剛は訓読みで「つよし」のほか、「たかし」「たけし」と読むこともあります。

羽生さん

羽生結弦《はにゅうゆづる》

フィギュアスケート選手。「はにゅう」は関東・東北に多い。

羽生善治《はぶよしはる》

将棋棋士。「はぶ」は鹿児島県に多い呼び名。

渡部さん

渡部建《わたべけん》

芸人、タレント。俳優の渡部篤郎も「わたべ」。

渡部陽一《わたなべよういち》

戦場カメラマン。「わたなべ」の漢字は「渡辺」も多い。

菅さん

菅直人《かんなおと》

政治家。菅のルーツは瀬戸内海近辺に広がる菅原氏とのこと。

菅義偉《すがよしひで》

政治家。訓読みでは「すが」のほかに「すげ」とも読みます。

中田さん

中田英寿《なかたひでとし》

元プロサッカー選手。「なかた」と「た」が濁らない。

中田有紀《なかだあき》

フリーアナウンサー。「た」ではなく濁って「だ」という。

小澤征悦《おざわゆきよし》

假屋崎省吾《かりやざきしょうご》

忽那汐里《くつなしおり》

設楽統《したらおさむ》

周防正行《すおまさゆき》

菅田将暉《すだまさき》

土屋太鳳《つちやたお》

筒香嘉智《つつごうよしとも》

妻夫木聡《つまぶきさとし》

勅使川原郁恵《てしがわらいくえ》

葉加瀬太郎《はかせたろう》

東国原英夫
ひがしこくばるひでお

一青窈
ひととよう

邊土名一茶
へんとないっさ

蛍原徹
ほとはらとおる

本郷奏多
ほんごうかなた

水卜麻美
みうらあさみ

本仮屋ユイカ
もとかりやゆいか

蓮佛美沙子
れんぶつみさこ

柳楽優弥
やぎらゆうや

矢作兼
やはぎけん

出てきた漢字に挑戦！

パート４の復習です。漢字の意味をヒントに、いくつ読めるでしょうか。

小鳥遊
小鳥が安心して遊べるということから。

四月一日
春に綿の入った衣の綿を抜いたことから。

月見里
月を遮る山がないということから。

藤原伊周
平安時代中期の貴族。

蒲生君平
江戸時代後期の儒学者。

東洲斎写楽
江戸時代中期の浮世絵師。

由比正雪
江戸時代前期の軍学者。

支倉常長
伊達政宗の家臣。

井上毅
明治政府で大臣職を務める。

武者小路実篤
小説家・詩人。

西園寺公望
第12代内閣総理大臣。

近衛文麿
第34・38・39代内閣総理大臣。

南方熊楠
博物学者、生物学者、民俗学者。

林肯
アメリカの政治家。第16代大統領。

羽生結弦
フィギュアスケート選手。

水卜麻美
千葉県出身のアナウンサー。

北大路魯山人
陶芸家・画家・書家・美食家。

閣龍
イタリアの航海者。

設楽統
埼玉県出身のお笑いタレント。

妻夫木聡
福岡県出身の俳優。

沙翁
イギリスの詩人、劇作家。

錦織圭
島根県出身のプロテニス選手。

矢作兼
東京都出身のお笑いタレント。

葉加瀬太郎
大阪府出身のヴァイオリニスト。

巴哈
ドイツのオルガン奏者、作曲家。

羽生善治
将棋棋士。

一青窈
東京都出身の女性歌手。

東国原英夫
宮崎県出身のタレント。

⇐答えは次ページへ

復習ドリル

Part4【答え】

さて、どれだけ読めたでしょうか。読めない漢字がたくさんあったという人は、しっかり復習しましょう。

【小鳥遊】たかなし

【蒲生君平】がもうくんぺい

【井上毅】いのうえこわし

【南方熊楠】みなかたくまぐす

【林肯】リンカーン

【羽生結弦】はにゅうゆづる

【水卜麻美】みうらあさみ

【四月一日】わたぬき

【東洲斎写楽】とうしゅうさいしゃらく

【武者小路実篤】むしゃのこうじさねあつ

【北大路魯山人】きたおおじろさんじん

【閣龍】コロンブス

【設楽統】したらおさむ

【妻夫木聡】つまぶきさとし

【月見里】やまなし

【由比正雪】ゆいしょうせつ

【西園寺公望】さいおんじきんもち

【沙翁】シェイクスピア

【錦織圭】にしこりけい

【矢作兼】やはぎけん

【葉加瀬太郎】はかせたろう

【藤原伊周】ふじわらのこれちか

【支倉常長】はせくらつねなが

【近衛文麿】このえふみまろ

【巴哈】バッハ

【羽生善治】はぶよしはる

【一青窈】ひととよう

【東国原英夫】ひがしこくばるひでお

Part 5

ここはどこですか？

地名の漢字

日本の地名・名所

北海道・東北地方の難読地名・名所

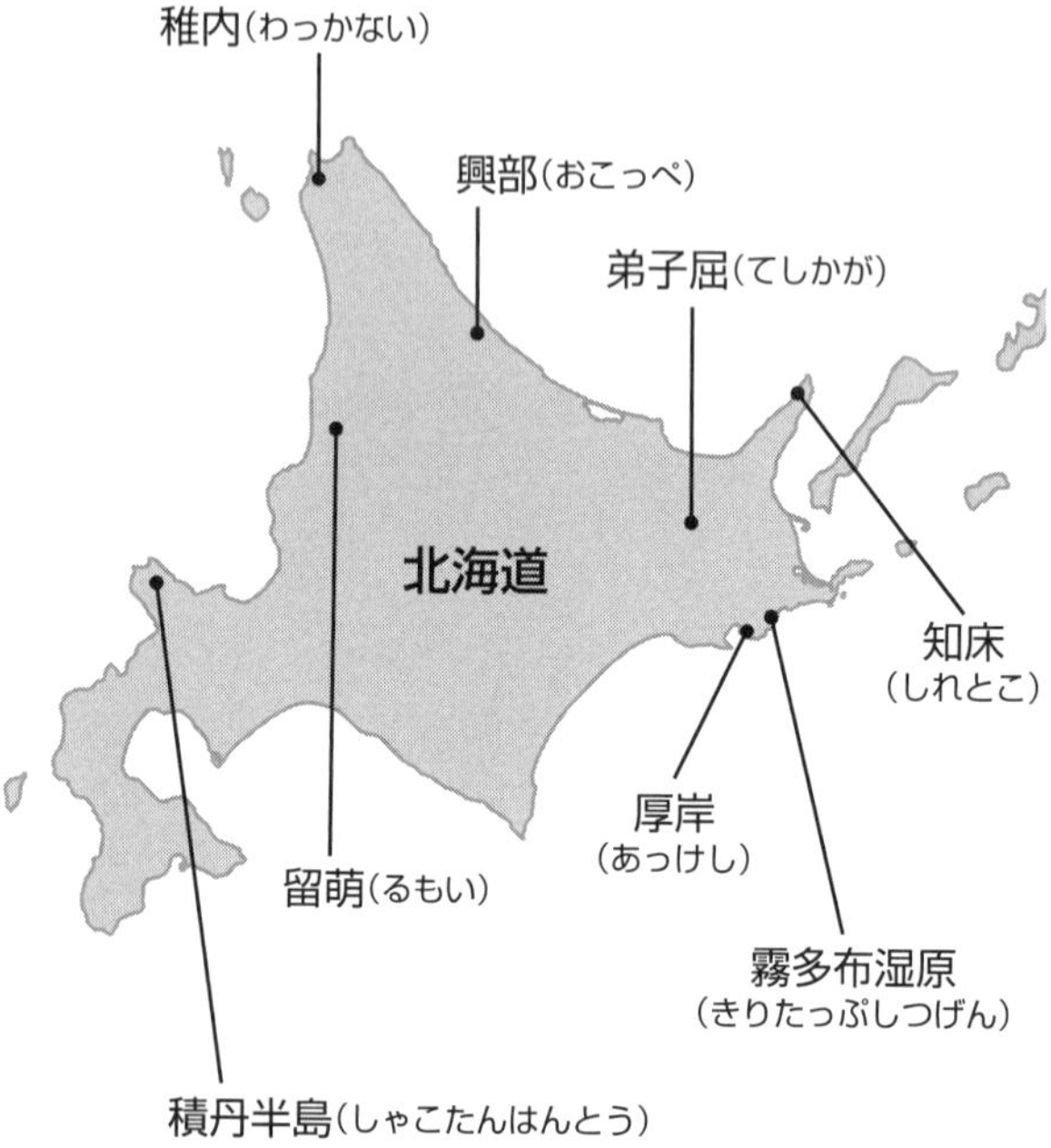

「知床（しれとこ)」や「稚内「わっかない)」のように、漢字の読み方が一般的な読みと異なる地名や、あまり用いられない漢字が使われている地名など、日本には多くの難読地名があります。

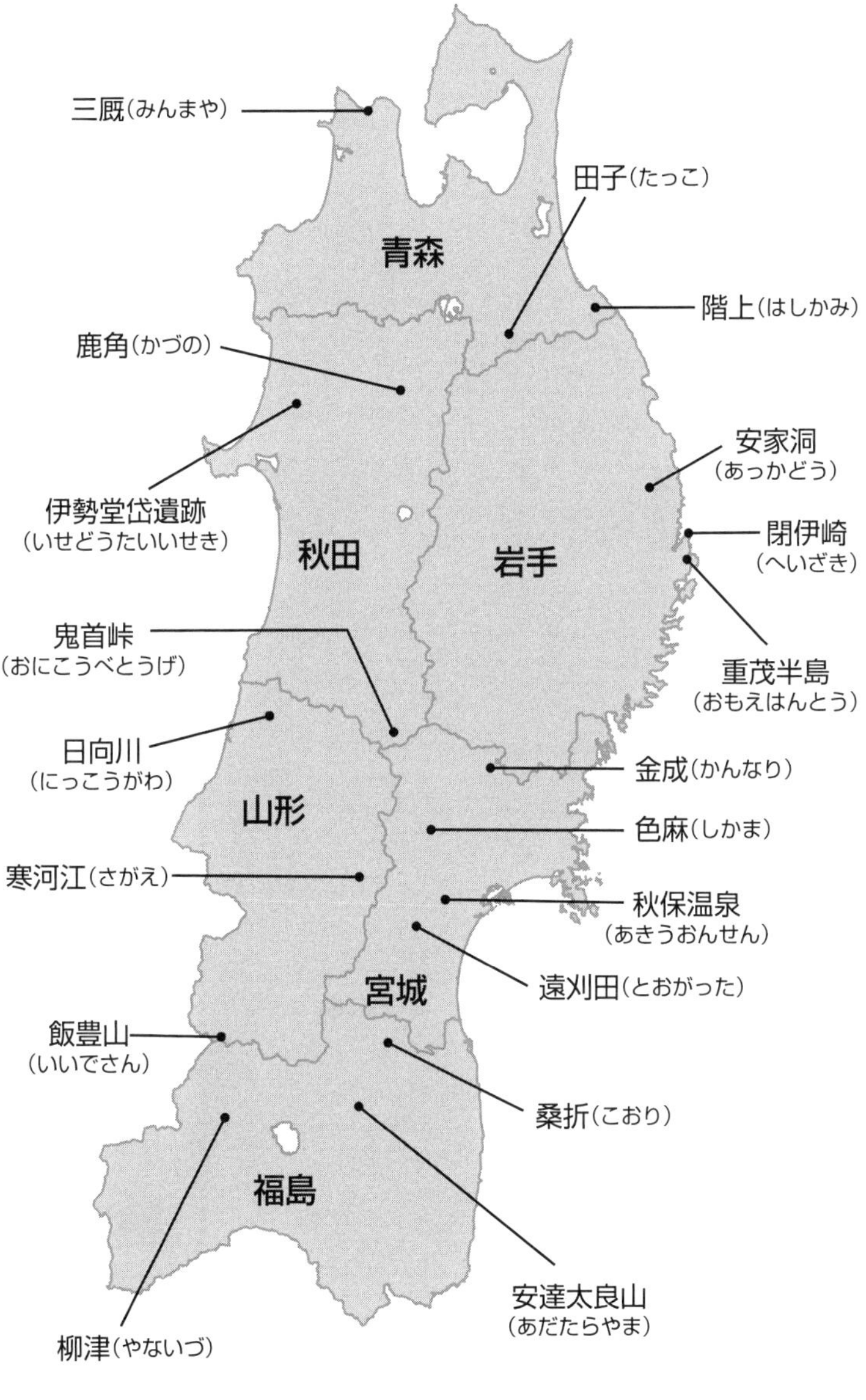
三厩（みんまや）
田子（たっこ）
青森
階上（はしかみ）
鹿角（かづの）
安家洞
（あっかどう）
伊勢堂岱遺跡
（いせどうたいいせき）
閉伊崎
（へいざき）
秋田
岩手
鬼首峠
（おにこうべとうげ）
重茂半島
（おもえはんとう）
日向川
（にっこうがわ）
金成（かんなり）
山形
色麻（しかま）
寒河江（さがえ）
秋保温泉
（あきうおんせん）
宮城
遠刈田（とおがった）
飯豊山
（いいでさん）
桑折（こおり）
福島
安達太良山
（あだたらやま）
柳津（やないづ）

日本の地名・名所

関東地方①の難読地名・名所

東京

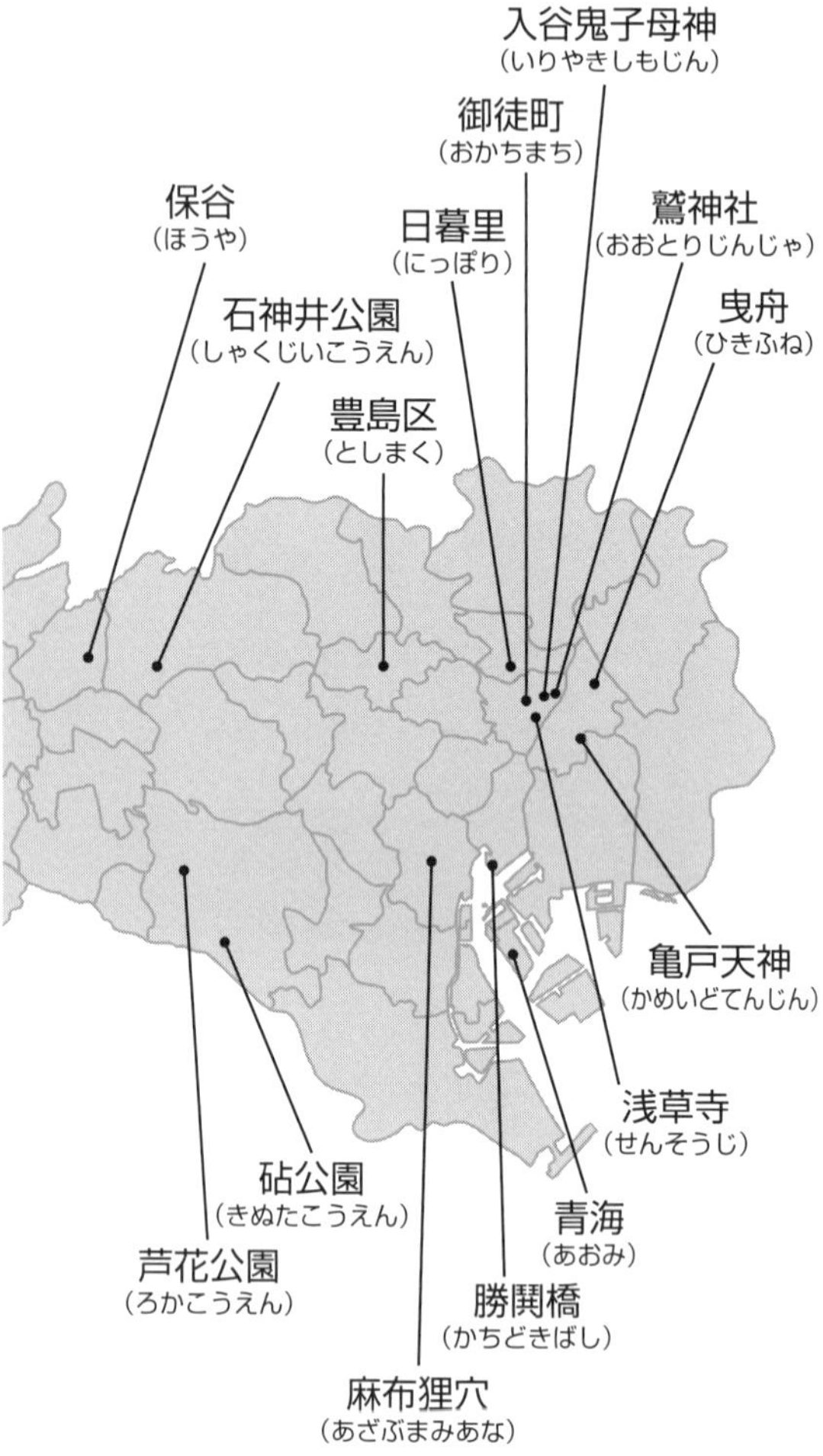

日原鍾乳洞
（にっぱらしょうにゅうどう）
川苔山
（かわのりやま）
小河内ダム
（おごうちだむ）
御嶽神社
（みたけじんじゃ）
青梅
（おうめ）
福生
（ふっさ）
瑞穂町
（みずほまち）
三頭山
（みとうさん）
檜原
（ひのはら）
払沢の滝
（ほっさわのたき）
乞田川
（こったがわ）
薬師池公園
（やくしいけこうえん）

日本の地名・名所

関東地方②の難読地名・名所

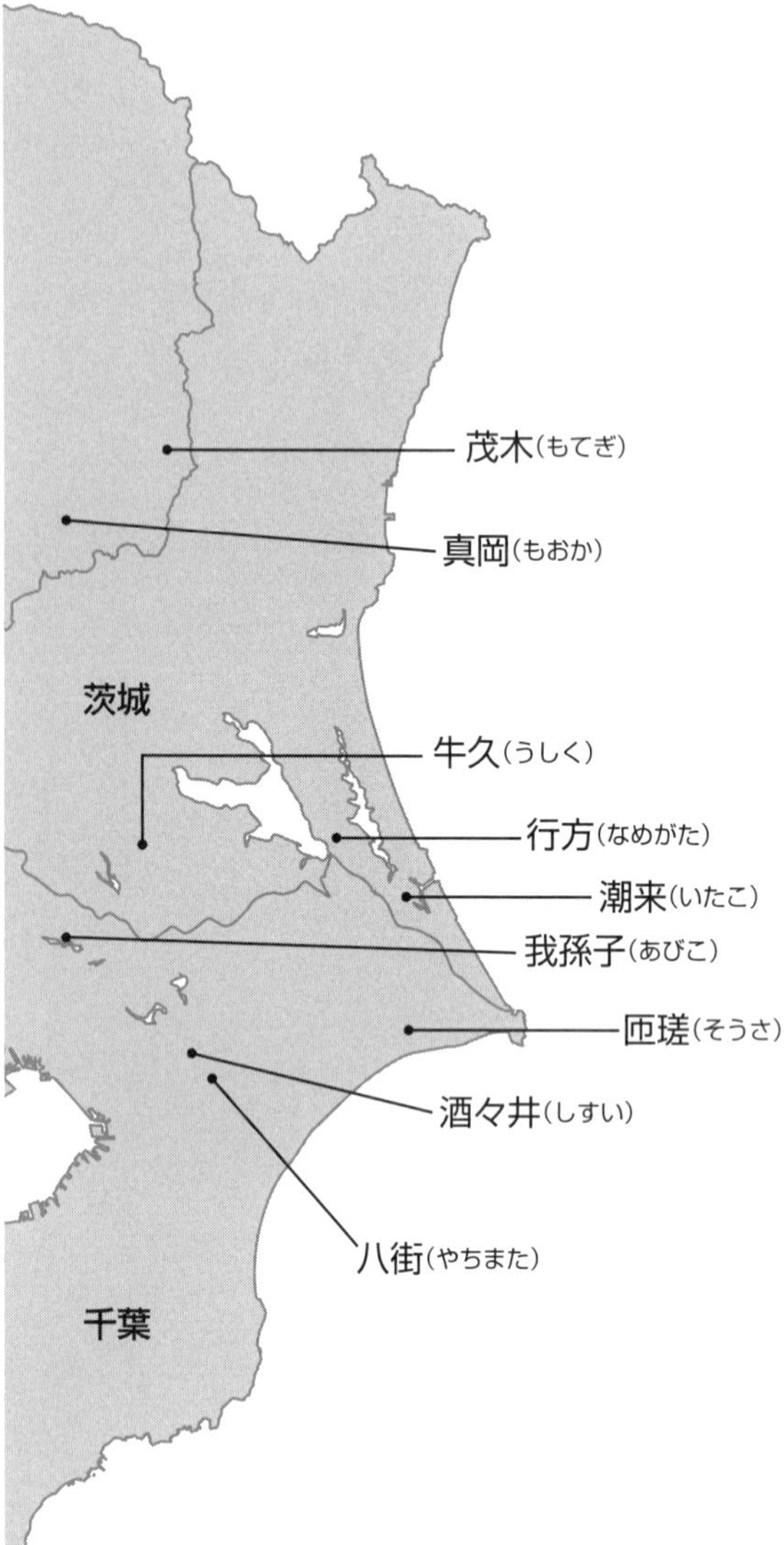

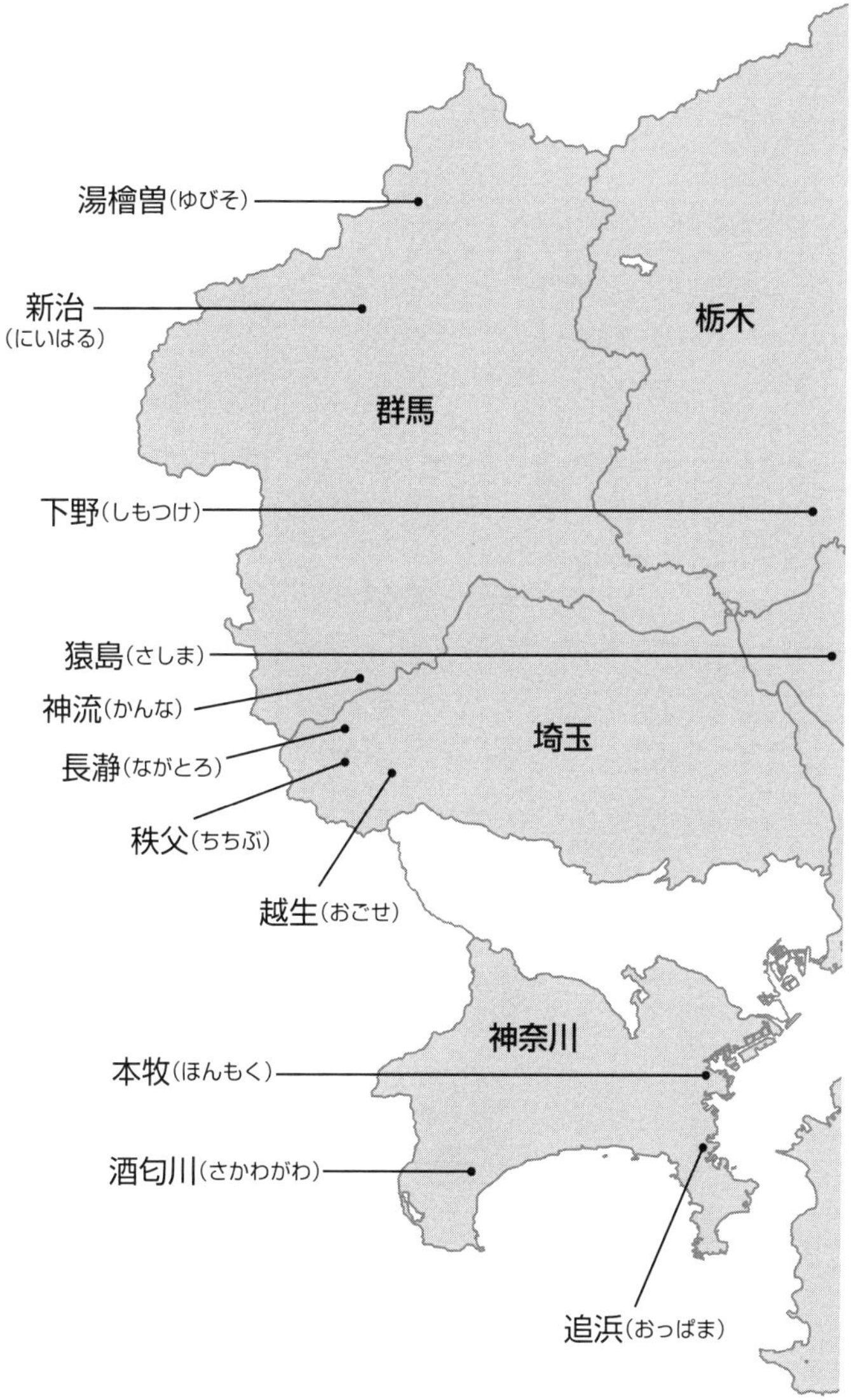
湯檜曽(ゆびそ)
新治(にいはる)
栃木
群馬
下野(しもつけ)
猿島(さしま)
神流(かんな)
長瀞(ながとろ)
埼玉
秩父(ちちぶ)
越生(おごせ)
神奈川
本牧(ほんもく)
酒匂川(さかわがわ)
追浜(おっぱま)

日本の地名・名所

中部地方の難読地名・名所

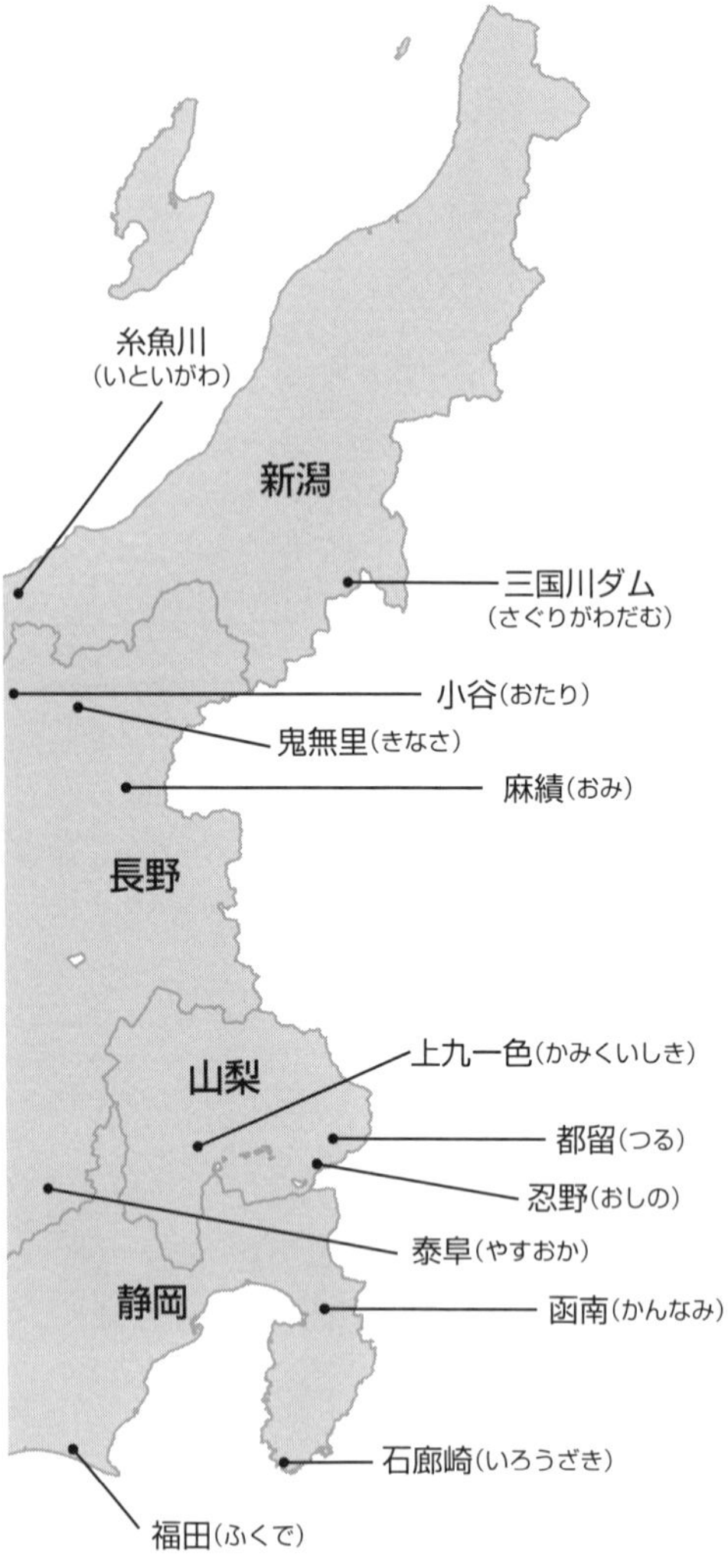

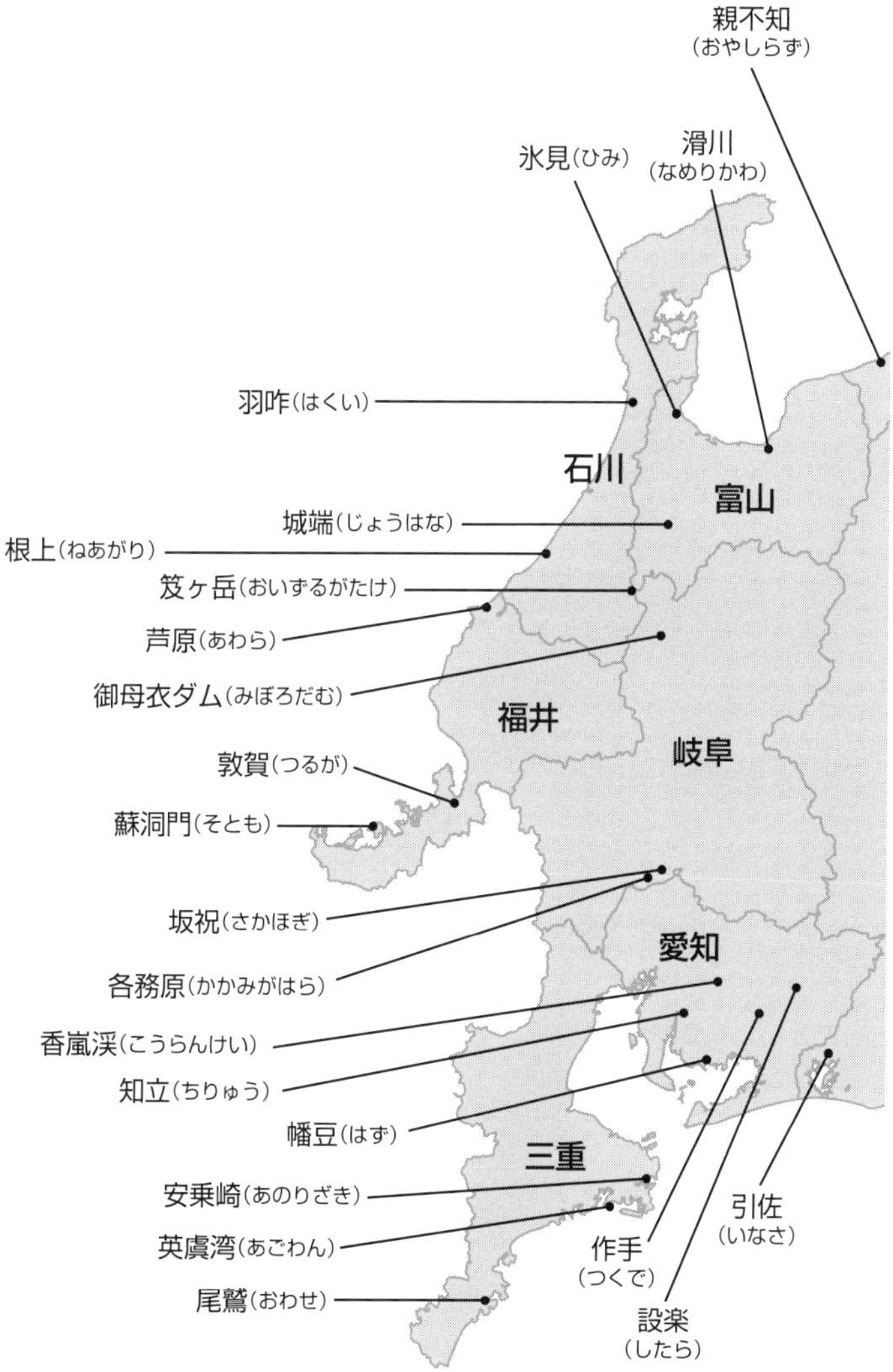
親不知
（おやしらず）
氷見（ひみ）
滑川
（なめりかわ）
羽咋（はくい）
石川
富山
城端（じょうはな）
根上（ねあがり）
笈ヶ岳（おいずるがたけ）
芦原（あわら）
御母衣ダム（みぼろだむ）
福井
岐阜
敦賀（つるが）
蘇洞門（そとも）
坂祝（さかほぎ）
各務原（かかみがはら）
愛知
香嵐渓（こうらんけい）
知立（ちりゅう）
幡豆（はず）
三重
安乗崎（あのりざき）
英虞湾（あごわん）
尾鷲（おわせ）
作手
（つくで）
設楽
（したら）
引佐
（いなさ）

日本の地名・名所

近畿地方①の難読地名・名所

京都

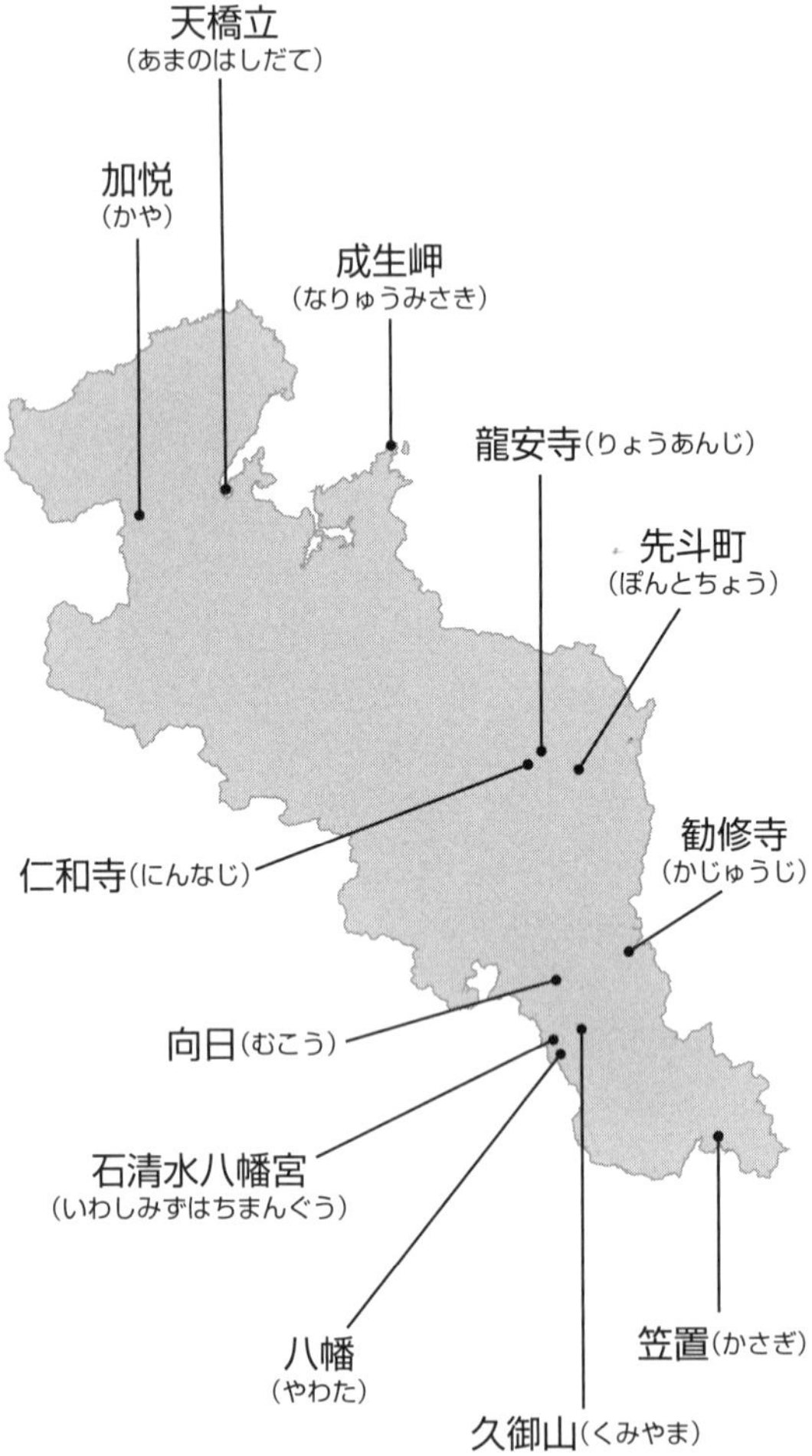

大阪

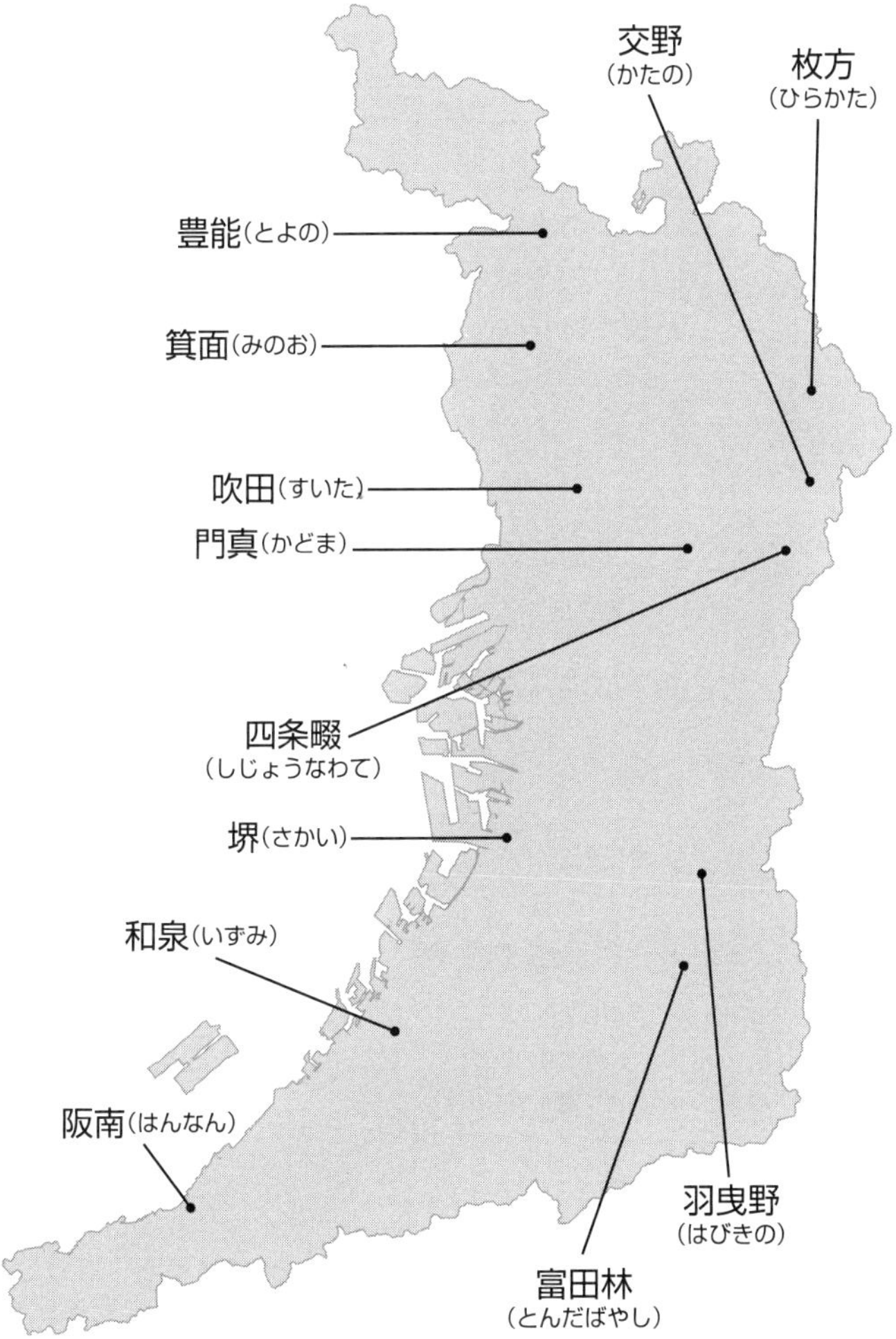
交野（かたの）
枚方（ひらかた）
豊能（とよの）
箕面（みのお）
吹田（すいた）
門真（かどま）
四条畷（しじょうなわて）
堺（さかい）
和泉（いずみ）
阪南（はんなん）
羽曳野（はびきの）
富田林（とんだばやし）

日本の地名・名所

近畿地方②の難読地名・名所

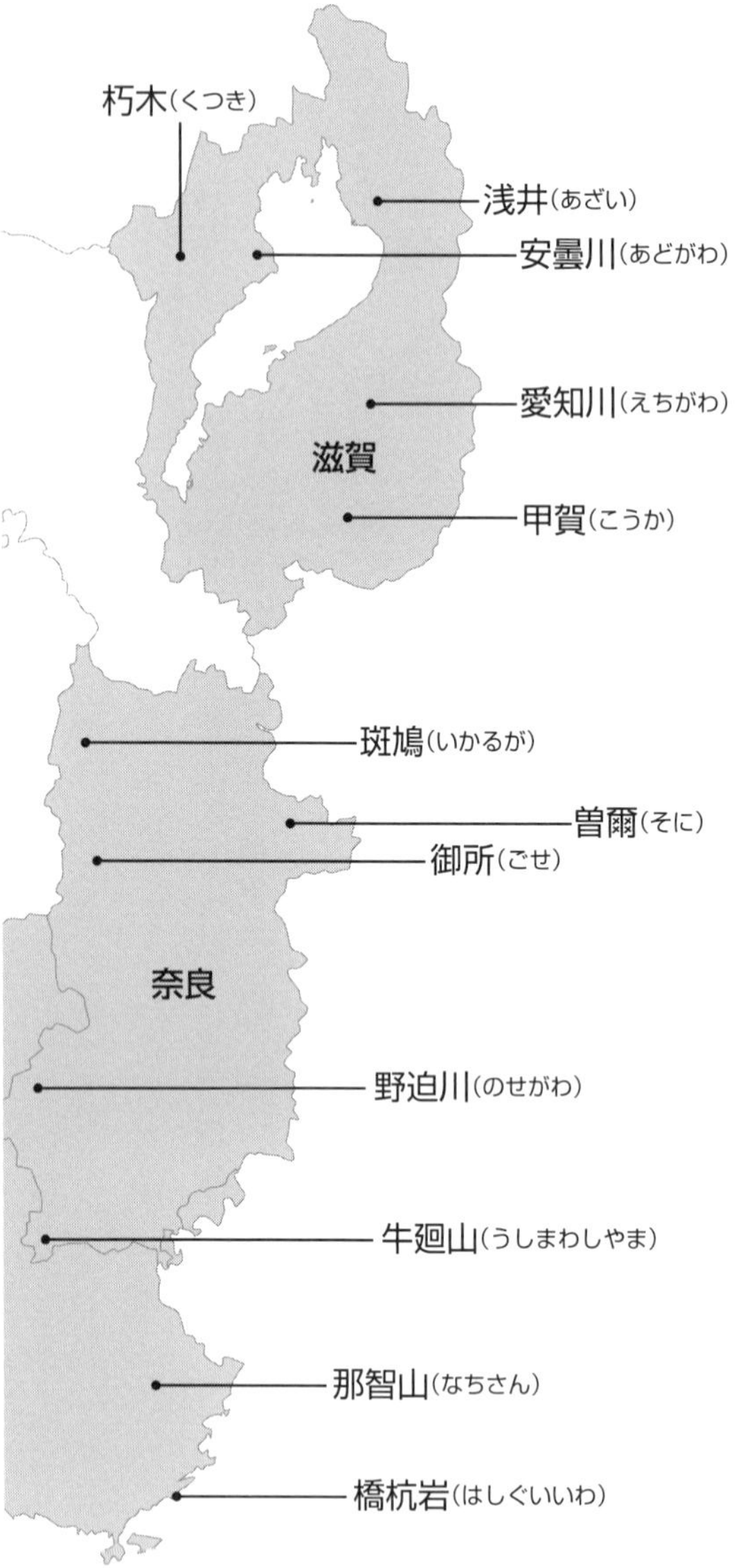

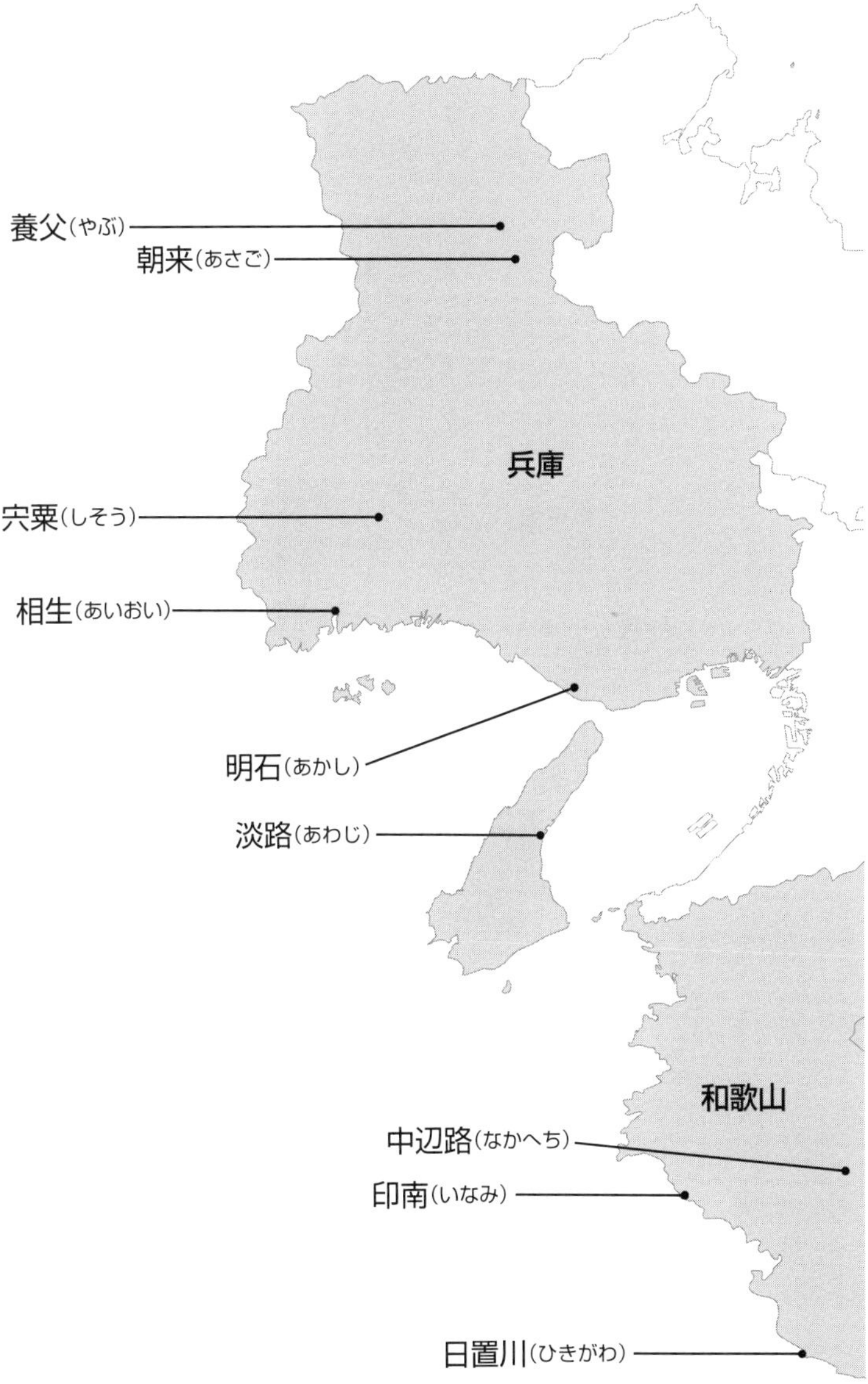

養父(やぶ)
朝来(あさご)
兵庫
宍粟(しそう)
相生(あいおい)
明石(あかし)
淡路(あわじ)
和歌山
中辺路(なかへち)
印南(いなみ)
日置川(ひきがわ)

日本の地名・名所

中国・四国地方の難読地名・名所

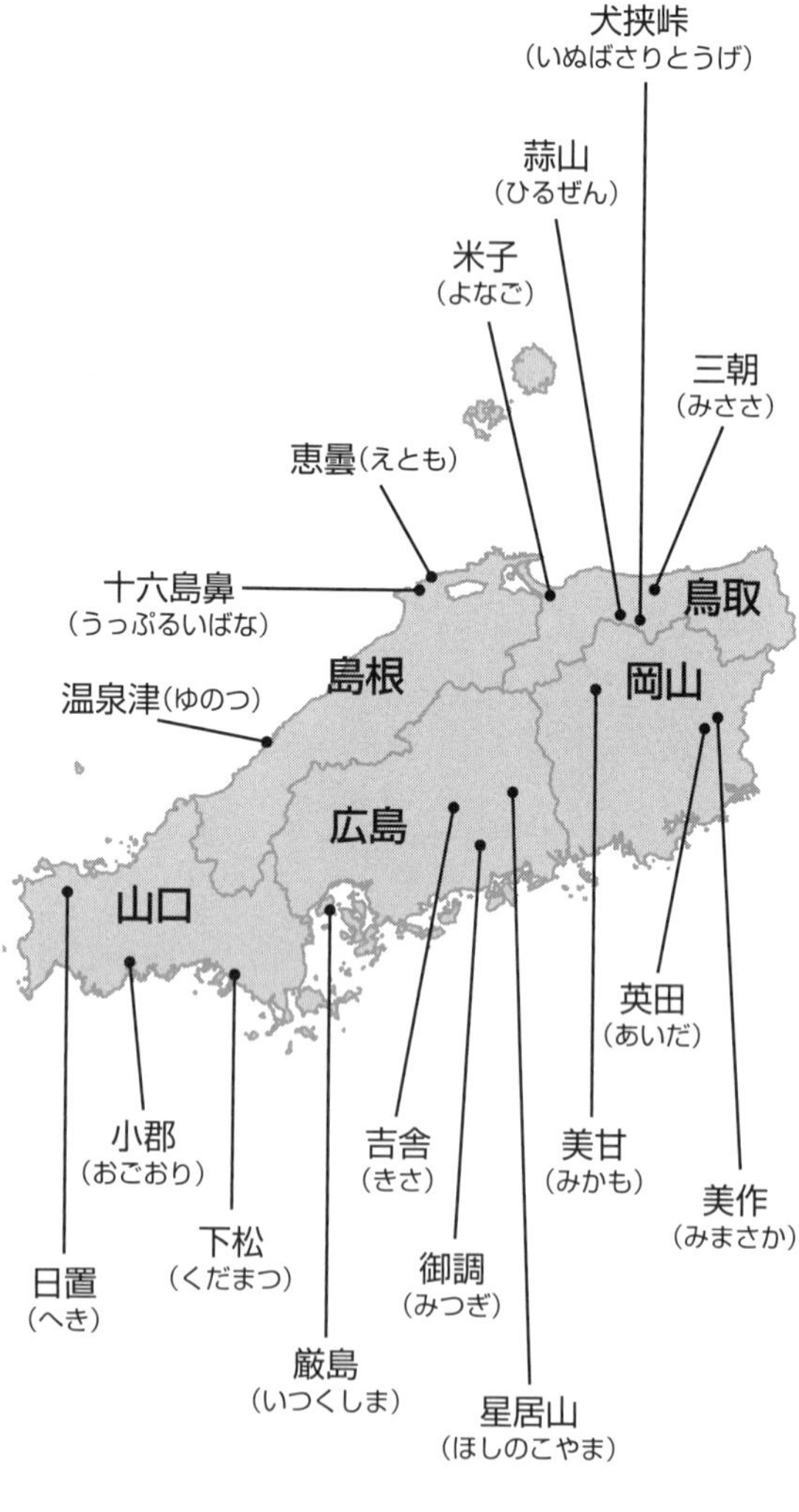

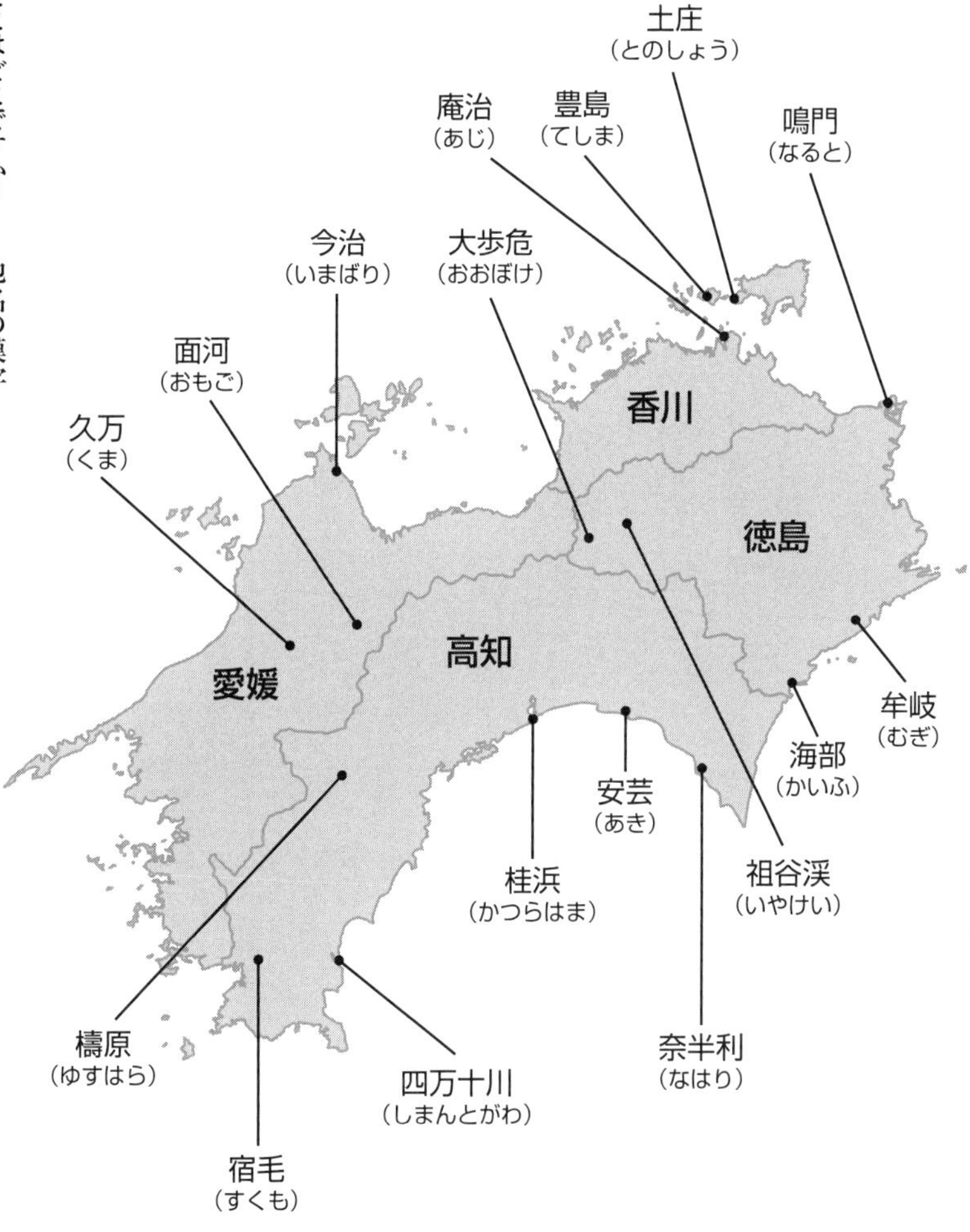
土庄
（とのしょう）
庵治
（あじ）
豊島
（てしま）
鳴門
（なると）
今治
（いまばり）
大歩危
（おおぼけ）
面河
（おもご）
久万
（くま）
香川
徳島
高知
愛媛
牟岐
（むぎ）
海部
（かいふ）
安芸
（あき）
桂浜
（かつらはま）
祖谷渓
（いやけい）
檮原
（ゆすはら）
四万十川
（しまんとがわ）
奈半利
（なはり）
宿毛
（すくも）

日本の地名・名所

九州・沖縄地方の難読地名

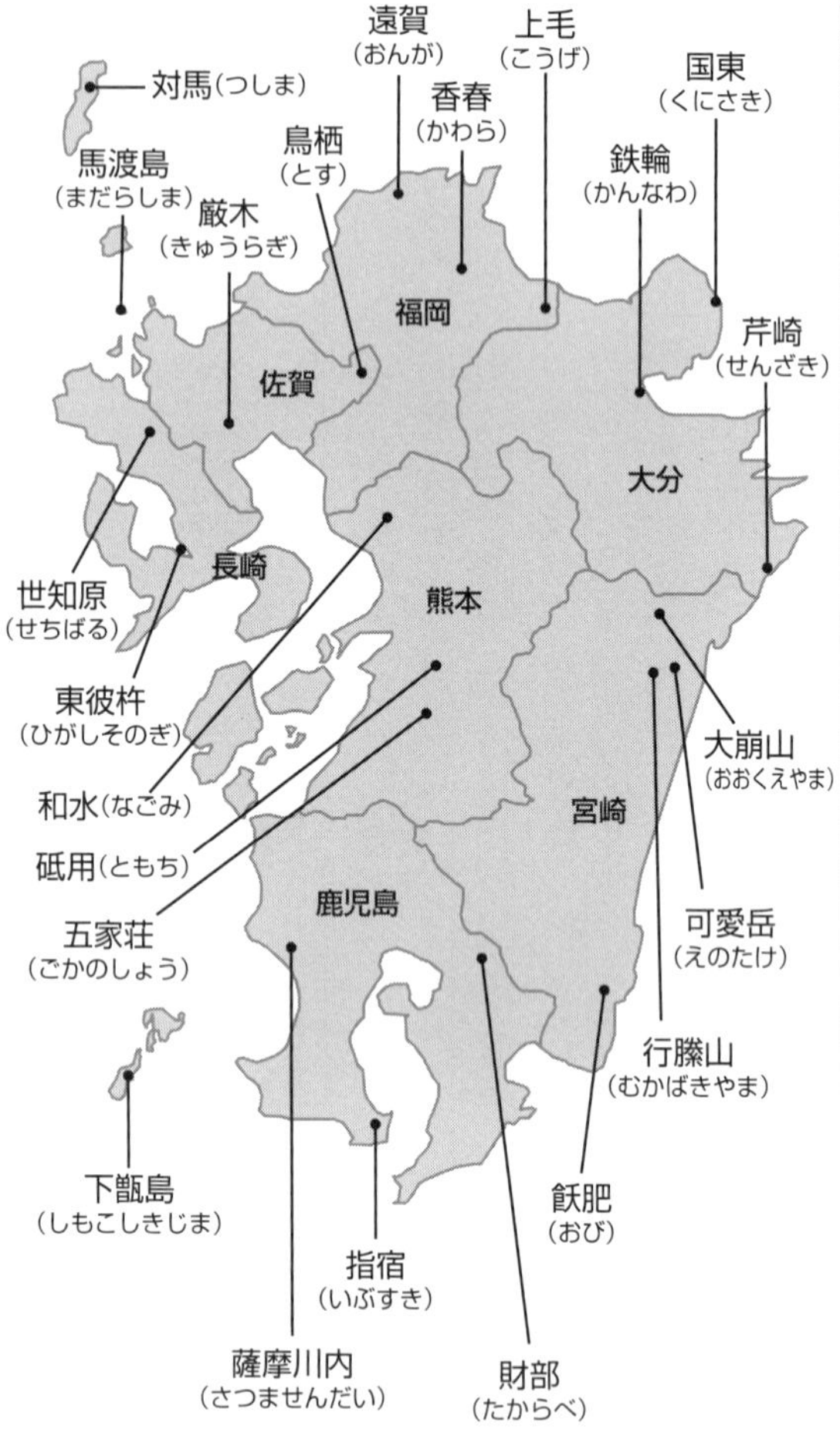

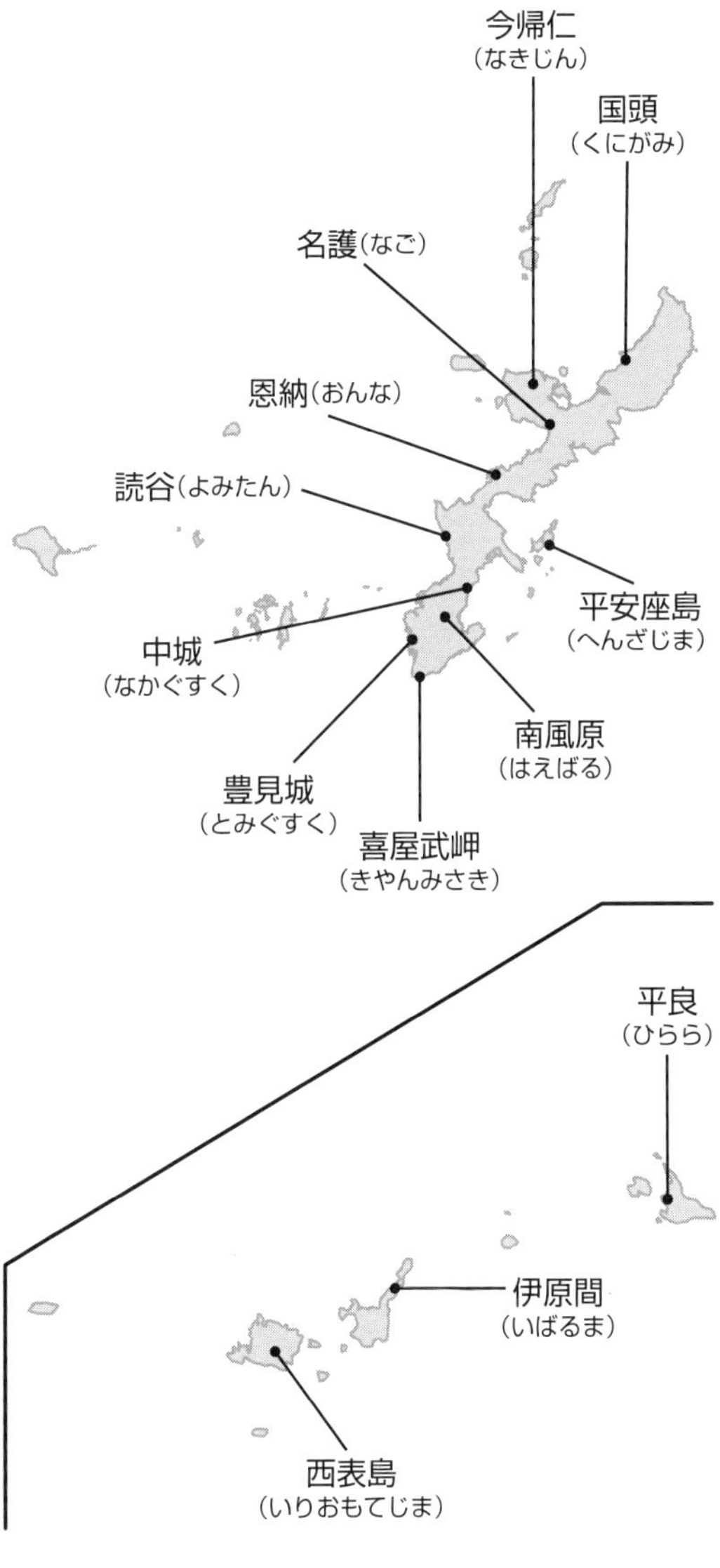
今帰仁
(なきじん)
国頭
(くにがみ)
名護(なご)
恩納(おんな)
読谷(よみたん)
平安座島
(へんざじま)
中城
(なかぐすく)
南風原
(はえばる)
豊見城
(とみぐすく)
喜屋武岬
(きやんみさき)
平良
(ひらら)
伊原間
(いばるま)
西表島
(いりおもてじま)

旧国名の漢字

旧国名

①	蝦夷（えぞ）
②	陸奥（むつ）
③	陸中（りくちゅう）
④	陸前（りくぜん）
⑤	磐城（いわき）
⑥	岩代（いわしろ）
⑦	羽後（うご）
⑧	羽前（うぜん）
⑨	下野（しもつけ）
⑩	上野（こうづけ）
⑪	常陸（ひたち）
⑫	安房（あわ）
⑬	下総（しもうさ）
⑭	上総（かずさ）
⑮	武蔵（むさし）
⑯	相模（さがみ）
⑰	駿河（するが）
⑱	伊豆（いず）
⑲	遠江（とおとうみ）
⑳	尾張（おわり）
㉑	三河（みかわ）
㉒	美濃（みの）
㉓	飛騨（ひだ）
㉔	信濃（しなの）
㉕	甲斐（かい）
㉖	越後（えちご）
㉗	佐渡（さど）
㉘	越中（えっちゅう）
㉙	加賀（かが）
㉚	能登（のと）
㉛	越前（えちぜん）
㉜	若狭（わかさ）
㉝	近江（おうみ）
㉞	山城（やましろ）
㉟	丹後（たんご）
㊱	丹波（たんば）
㊲	但馬（たじま）
㊳	播磨（はりま）
㊴	淡路（あわじ）
㊵	摂津（せっつ）
㊶	和泉（いずみ）
㊷	河内（かわち）
㊸	大和（やまと）
㊹	紀伊（きい）
㊺	伊勢（いせ）
㊻	伊賀（いが）
㊼	志摩（しま）
㊽	阿波（あわ）
㊾	讃岐（さぬき）
㊿	土佐（とさ）
51	伊予（いよ）
52	備前（びぜん）
53	美作（みまさか）
54	備中（びっちゅう）
55	備後（びんご）
56	安芸（あき）
57	出雲（いずも）
58	石見（いわみ）
59	隠岐（おき）
60	因幡（いなば）
61	伯耆（ほうき）
62	周防（すおう）
63	長門（ながと）
64	筑前（ちくぜん）
65	筑後（ちくご）
66	豊前（ぶぜん）
67	肥前（ひぜん）
68	壱岐（いき）
69	対馬（つしま）
70	豊後（ぶんご）
71	日向（ひゅうが）
72	肥後（ひご）
73	薩摩（さつま）
74	大隈（おおすみ）
75	琉球（りゅうきゅう）

旧国名とは、昔の行政区画の土地の呼び名のことをいいます。地図は1868(明治元)年時点のものです。

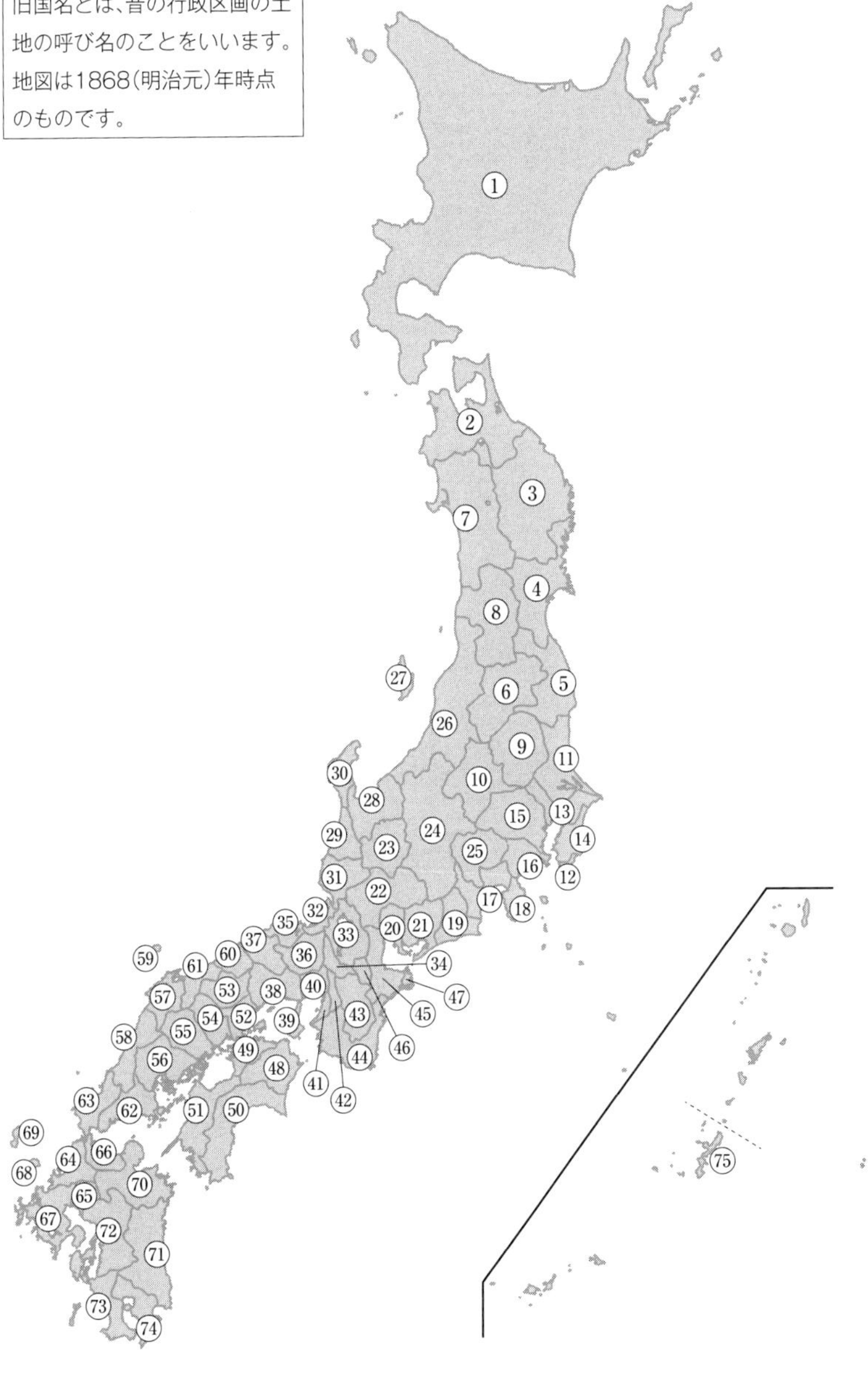

難読ウンチク 6

地形にまつわる難読漢字

地形の難読漢字は『ブラタモリ』でもよく使われています。

NHKの人気番組『ブラタモリ』は、古地図や地形から、訪れた土地の歴史までを読み解いていく過程が、視聴者のひとつの楽しみになっています。

当然、地形に関する言葉が多く登場します。ここでは、そんな地形にまつわる難読漢字を紹介します。

まず**暗渠**（あんきょ）ですが、これは地中に埋設された川や水路のことです。渠は溝の意味をもつ漢字です。川が流れていない所で欄干だけあれば地下が暗渠です。

河岸段丘（かがんだんきゅう）は河に沿ってできている階段状の地形をいいます。段丘は階段を意味します。階段の平らな部分は、昔、川床だった所で、流れによる浸食で川床が低くなっていったことを示しています。

また、**海食崖**（かいしょくがい）は、文字どおり波に侵食されてできた切り立った崖《がけ》です。

陸繫島（りくけいとう）は、海岸近くの島が砂州《さす》によってつながった島です。北海道の函館山や和歌山県の潮岬に見られます。

鍾乳洞（しょうにゅうどう）は、石灰岩の割れ目から入った雨水や地下水の溶食《ようしょく》によってできた洞窟のことです。

最後に**甌穴**（おうけつ）ですが、これは川床の岩にできる円筒形の穴です。岩の間に小石が入りこみ、流れによって削られた穴です。甌は小さい甕《かめ》を意味します。

国名

世界の国名の難読漢字

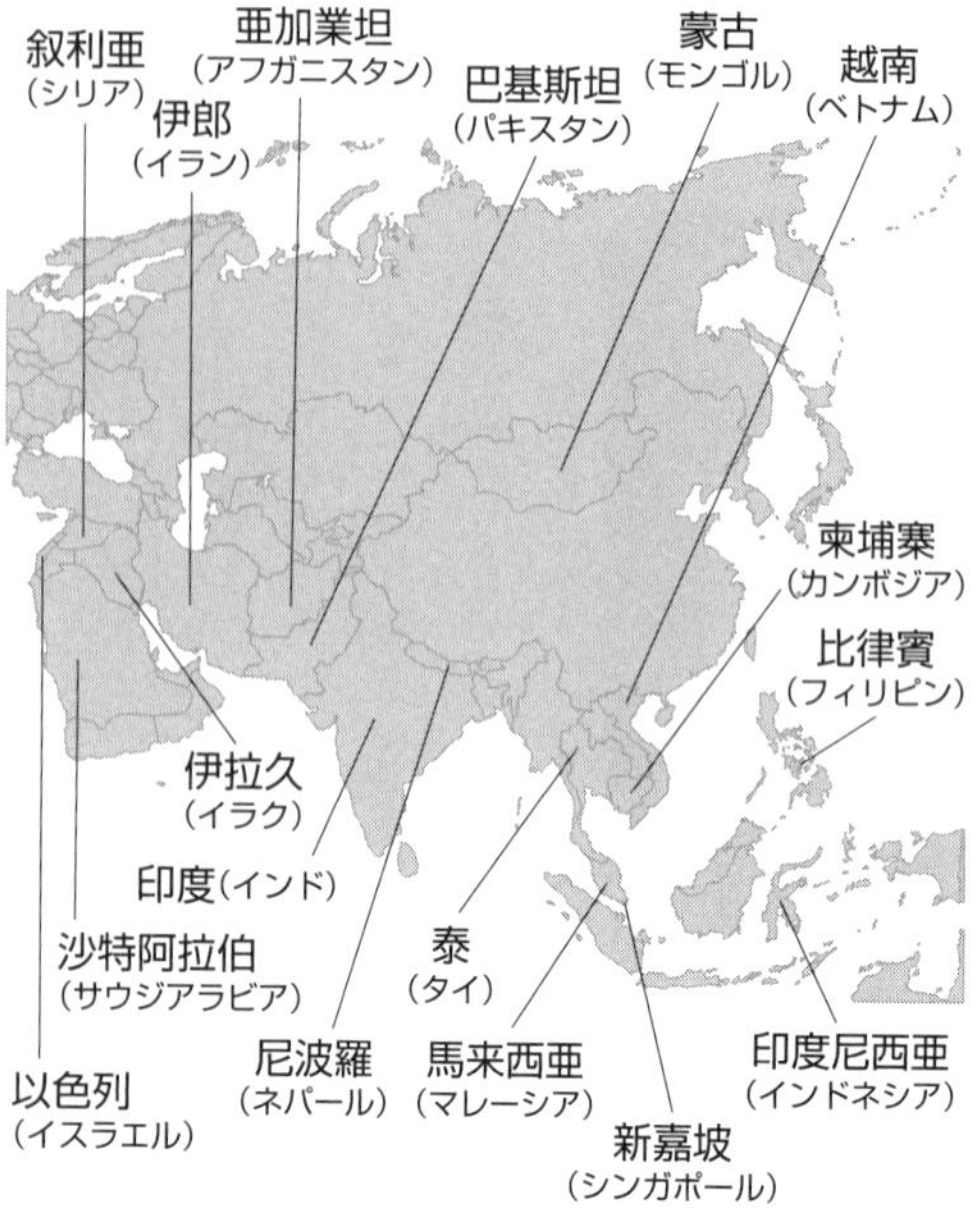
叙利亜
（シリア）
伊朗
（イラン）
亜加業坦
（アフガニスタン）
巴基斯坦
（パキスタン）
蒙古
（モンゴル）
越南
（ベトナム）
柬埔寨
（カンボジア）
比律賓
（フィリピン）
伊拉久
（イラク）
印度（インド）
沙特阿拉伯
（サウジアラビア）
泰
（タイ）
以色列
（イスラエル）
尼波羅
（ネパール）
馬来西亜
（マレーシア）
印度尼西亜
（インドネシア）
新嘉坡
（シンガポール）

巴布亜新几内亜
（パプアニューギニア）
東加
（トンガ）
濠太剌利
（オーストラリア）
新西蘭
（ニュージーランド）

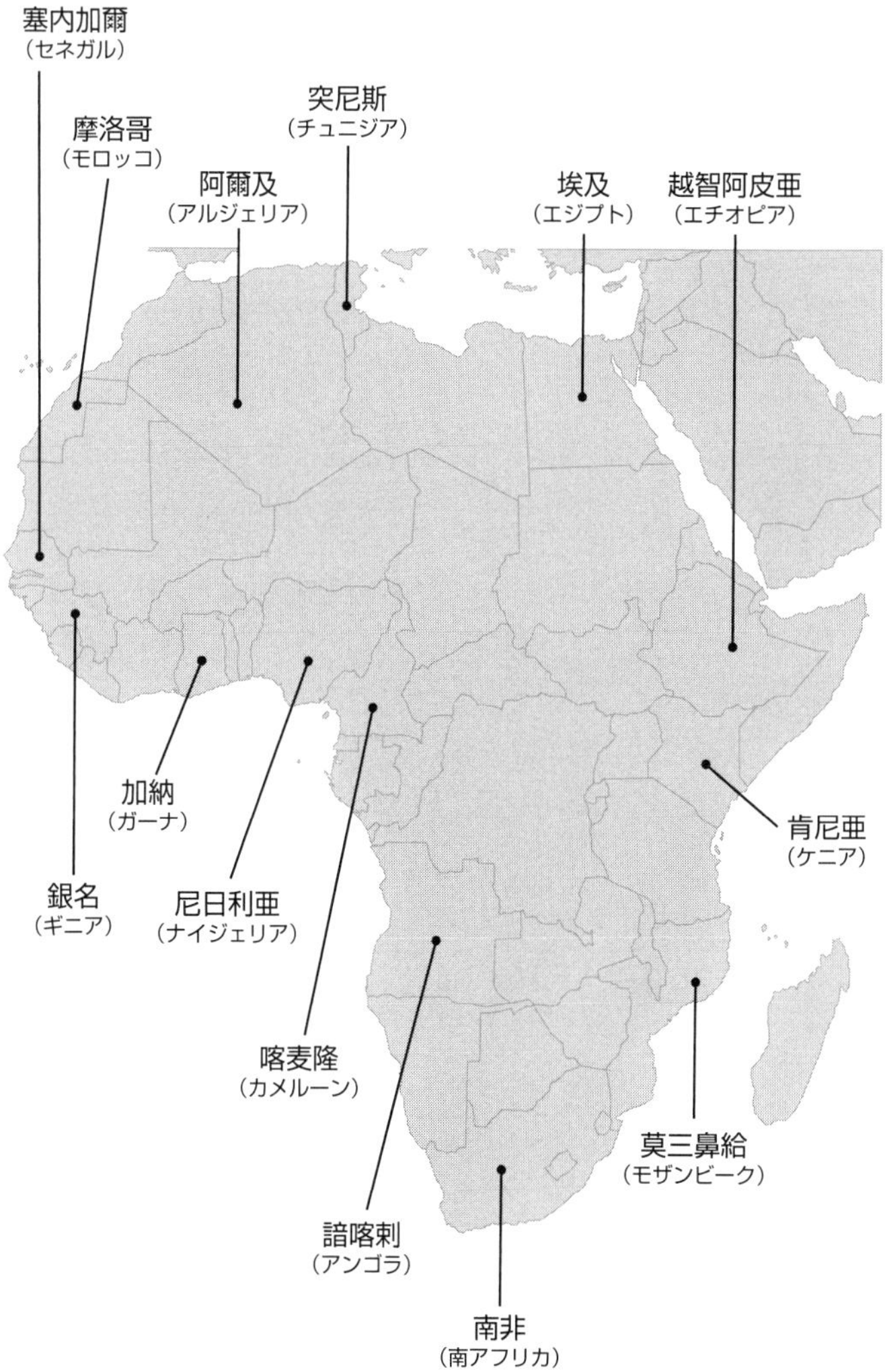
塞内加爾
(セネガル)
摩洛哥
(モロッコ)
阿爾及
(アルジェリア)
突尼斯
(チュニジア)
埃及
(エジプト)
越智阿皮亜
(エチオピア)
肯尼亜
(ケニア)
加納
(ガーナ)
銀名
(ギニア)
尼日利亜
(ナイジェリア)
喀麦隆
(カメルーン)
莫三鼻給
(モザンビーク)
諳喀剌
(アンゴラ)
南非
(南アフリカ)

加奈陀
（カナダ）
亜米利加（アメリカ）
玖馬（キューバ）
多米尼加（ドミニカ）
牙買加（ジャマイカ）
墨西哥
（メキシコ）
委内瑞拉
（ベネズエラ）
哥斯達黎加
（コスタリカ）
巴奈馬
（パナマ）
伯剌西爾
（ブラジル）
秘露
（ペルー）
巴拉圭
（パラグアイ）
智利
（チリ）
烏拉乖
（ウルグアイ）
亜爾然丁
（アルゼンチン）

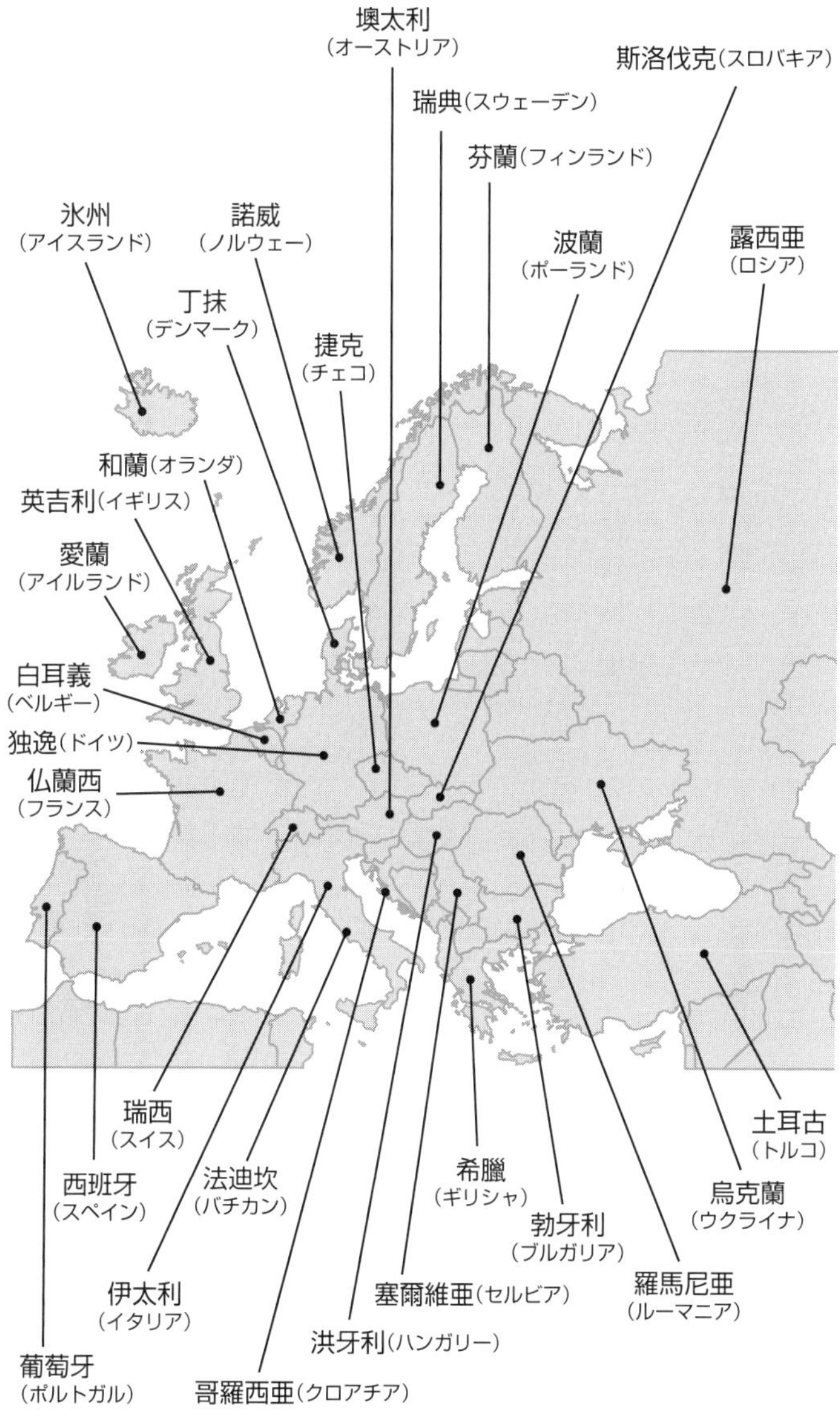
墺太利（オーストリア）
斯洛伐克（スロバキア）
瑞典（スウェーデン）
芬蘭（フィンランド）
氷州（アイスランド）
諾威（ノルウェー）
波蘭（ポーランド）
露西亜（ロシア）
丁抹（デンマーク）
捷克（チェコ）
和蘭（オランダ）
英吉利（イギリス）
愛蘭（アイルランド）
白耳義（ベルギー）
独逸（ドイツ）
仏蘭西（フランス）
瑞西（スイス）
土耳古（トルコ）
西班牙（スペイン）
法迪坎（バチカン）
希臘（ギリシャ）
烏克蘭（ウクライナ）
勃牙利（ブルガリア）
羅馬尼亜（ルーマニア）
伊太利（イタリア）
塞爾維亜（セルビア）
洪牙利（ハンガリー）
葡萄牙（ポルトガル）
哥羅西亜（クロアチア）

都市・名所

世界の都市・名所の難読漢字

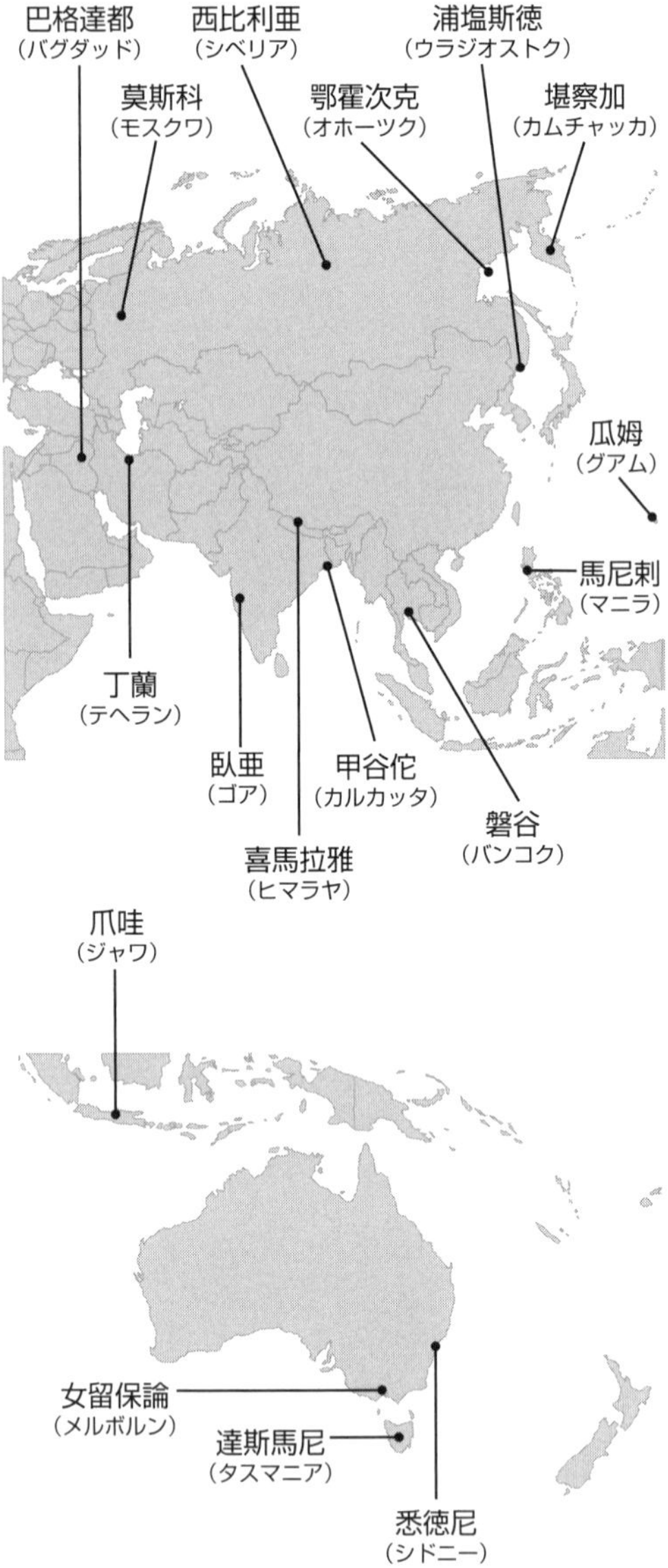

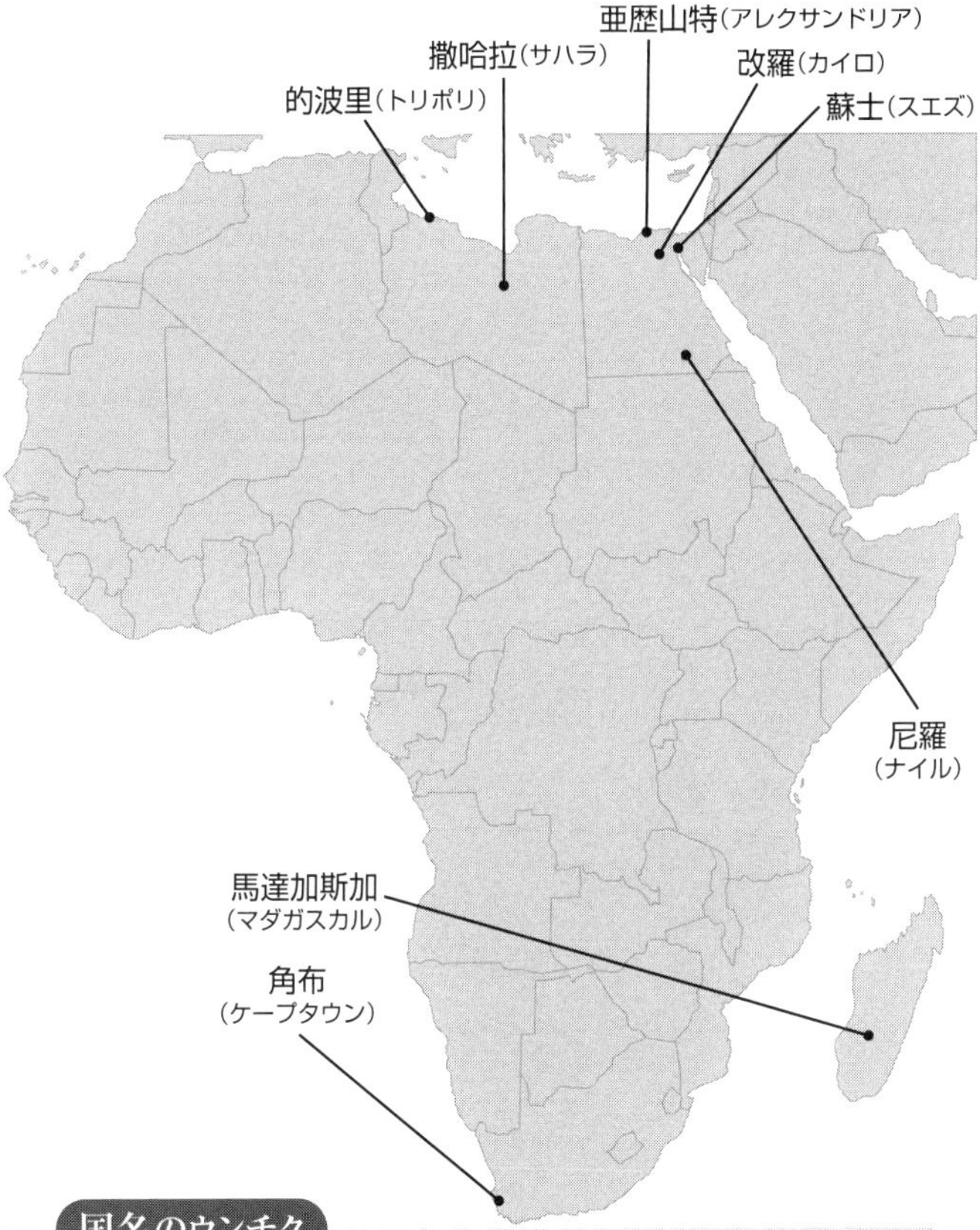

国名のウンチク

コートジボワールの漢字

西アフリカにあるコートジボワールは、かつて象牙海岸（正式には象牙海岸共和国）と表記されていました。かつてフランス植民地であったこの国が、フランス語で「象牙の海岸」と呼ばれていたからです。1980年代後半からは漢字とカタカナが併記されるようになり、外務省も2003年まで国の正式名称を象牙海岸としていました。

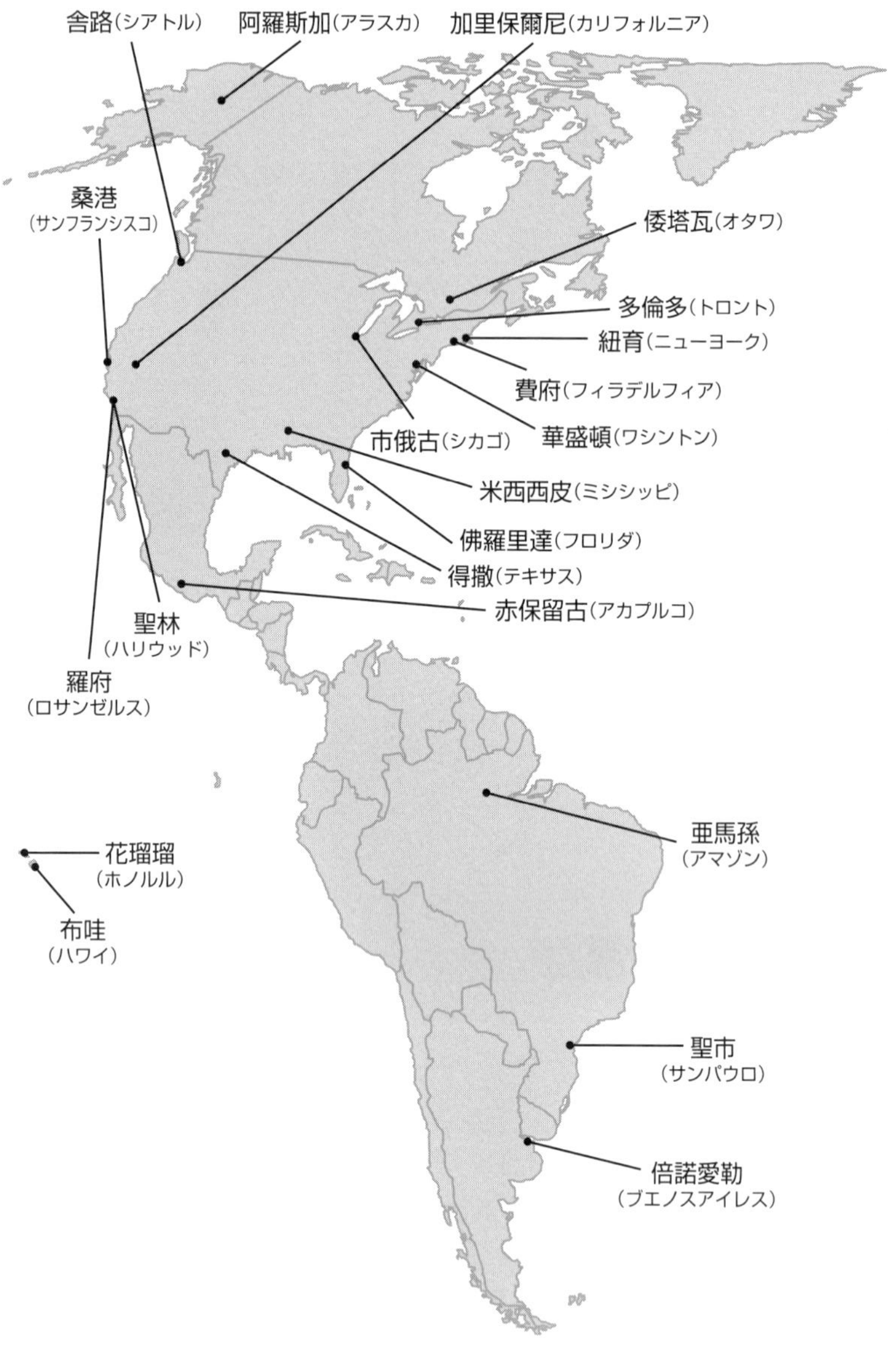
舎路（シアトル）
阿羅斯加（アラスカ）
加里保爾尼（カリフォルニア）
桑港
（サンフランシスコ）
倭塔瓦（オタワ）
多倫多（トロント）
紐育（ニューヨーク）
費府（フィラデルフィア）
市俄古（シカゴ）
華盛頓（ワシントン）
米西西皮（ミシシッピ）
佛羅里達（フロリダ）
得撒（テキサス）
赤保留古（アカプルコ）
聖林
（ハリウッド）
羅府
（ロサンゼルス）
亜馬孫
（アマゾン）
花瑠瑠
（ホノルル）
布哇
（ハワイ）
聖市
（サンパウロ）
倍諾愛勒
（ブエノスアイレス）

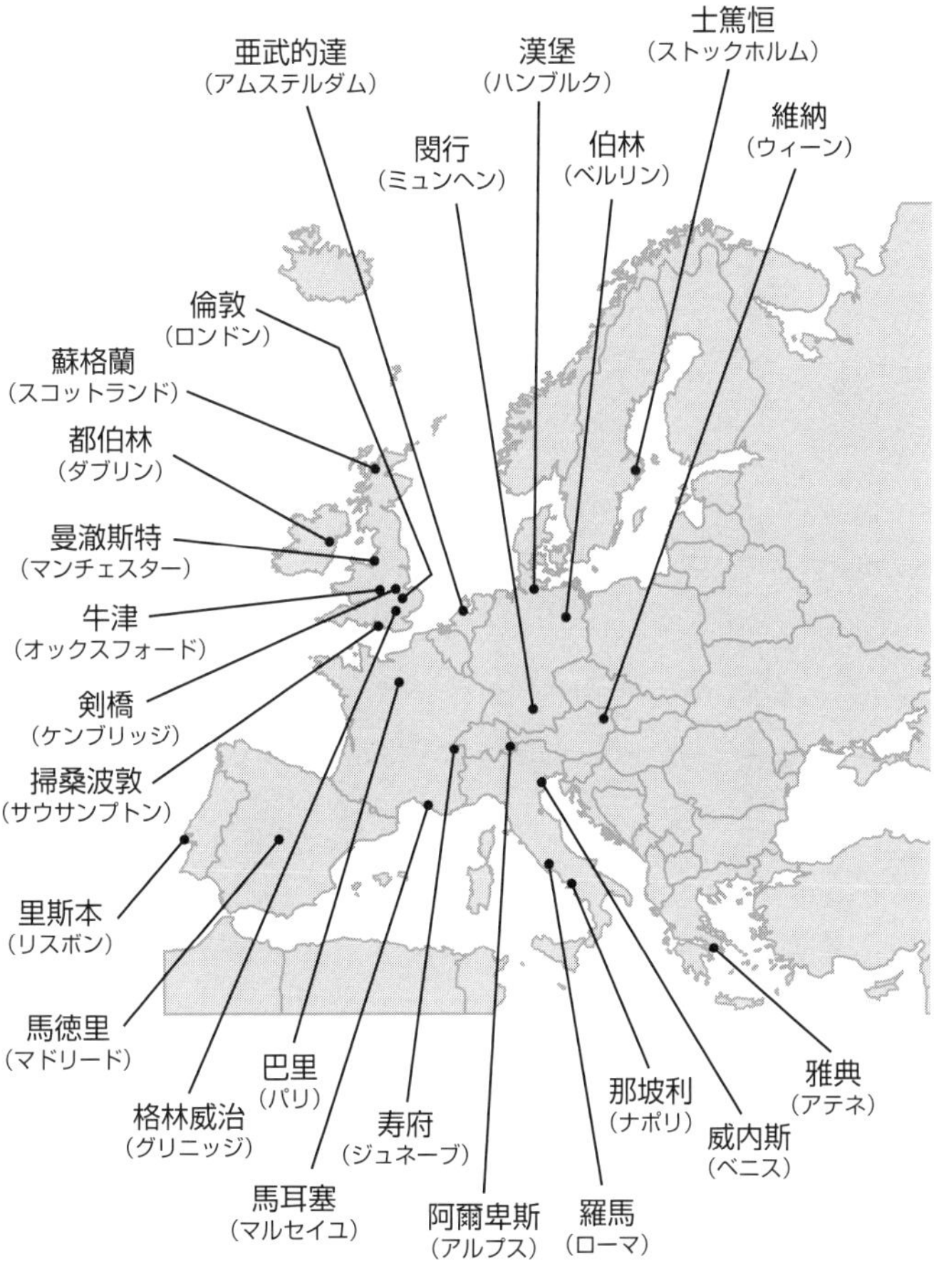
亜武的達
(アムステルダム)
漢堡
(ハンブルク)
士篤恒
(ストックホルム)
閔行
(ミュンヘン)
伯林
(ベルリン)
維納
(ウィーン)
倫敦
(ロンドン)
蘇格蘭
(スコットランド)
都伯林
(ダブリン)
曼徹斯特
(マンチェスター)
牛津
(オックスフォード)
剣橋
(ケンブリッジ)
掃桑波敦
(サウサンプトン)
里斯本
(リスボン)
馬徳里
(マドリード)
巴里
(パリ)
格林威治
(グリニッジ)
寿府
(ジュネーブ)
馬耳塞
(マルセイユ)
阿爾卑斯
(アルプス)
羅馬
(ローマ)
那坡利
(ナポリ)
威内斯
(ベニス)
雅典
(アテネ)

復習ドリル Part 5

出てきた漢字に挑戦!

パート5の復習です。漢字の意味をヒントに、いくつ読めるでしょうか。

稚内
北海道の地名。

我孫子
千葉県の地名。

石神井公園
東京都練馬区にある公園。

鹿角
秋田県の地名。

湯檜曽
群馬県の地名。

函南
静岡県の地名。

秋保温泉
宮城県の温泉。

長瀞
埼玉県の地名。

香嵐渓
愛知県にある渓谷。紅葉などの名所。

牛久
茨城県の地名。

曳舟
東京都墨田区の地域名。

明石
兵庫県の地名。

天橋立
京都府にある砂州《さす》。日本三景のひとつ。

厳島
広島県の島。日本三景のひとつ。

比律賓
東南アジアにある島国。

馬尼刺
フィリピンの首都。

先斗町
京都府の地域名。著名な花街のひとつ。

鳴門
徳島県の地名。

埃及
アフリカ大陸の北東部にある国。

角布
南アフリカ共和国の都市。

枚方
大阪府の地名。

大崩山
宮崎県にある山。

加奈陀
北アメリカ大陸北部にある国。

倭塔瓦
カナダの首都。

美作
岡山県の地名。

西表島
沖縄県の島。

瑞典
スカンジナビア半島の東半を占める国。

雅典
ギリシャの首都。

⇐答えは次ページへ

Part5【答え】

復習ドリル

さて、どれだけ読めたでしょうか。読めない漢字がたくさんあったという人は、しっかり復習しましょう。

【稚内】わっかない
【我孫子】あびこ
【石神井公園】しゃくじいこうえん
【天橋立】あまのはしだて
【厳島】いつくしま
【比律賓】フィリピン
【馬尼刺】マニラ

【鹿角】かづの
【湯檜曽】ゆびそ
【函南】かんなみ
【先斗町】ぽんとちょう
【鳴門】なると
【埃及】エジプト
【角布】ケープタウン

【秋保温泉】あきうおんせん
【長瀞】ながとろ
【香嵐渓】こうらんけい
【枚方】ひらかた
【大崩山】おおくえやま
【加奈陀】カナダ
【倭塔瓦】オタワ

【牛久】うしく
【曳舟】ひきふね
【明石】あかし
【美作】みまさか
【西表島】いりおもてじま
【瑞典】スウェーデン
【雅典】アテネ

Part 6

儀式やビジネスの漢字

それはどういう意味ですか?

年中行事

覚えておきたい年中行事にまつわる読み方

初詣（新年初め）　はつもうで

三毬杖（1月15日）　さぎちょう

正月のしめ縄・門松などを焼く火祭りの行事。どんど焼き。

初午（2月の最初の午の日）　はつうま

初午の日に行なわれる稲荷神社の祭り。

涅槃会（2月15日）　ねはんえ

釈迦が入滅したという日に行なう法会。

上巳（3月3日）　じょうし

五節句のひとつ。ひな祭り。

灌仏会（4月8日）　かんぶつえ

釈迦が生まれた4月8日に、誕生仏に甘茶を注ぐ行事。花祭り。

菖蒲湯（5月5日）　しょうぶゆ

邪気を払うために、菖蒲《しょうぶ》の根や葉を入れて沸かす風呂。

更衣（6月1日）　ころもがえ

季節に応じて衣服を改めること。

七夕（7月7日）　たなばた

盂蘭盆（7月15日）　うらぼん

お盆に祖先の霊を供養する行事。

御九日（9月9日）　おくにち

収穫を祝って行なわれる氏神の秋祭り。

夷講（10月20日）　えびすこう

商家で、えびす様をまつって繁栄を祈る行事。

酉の市（11月の酉の日）　とりのいち

毎年11月の酉の日に行なわれ、縁起物の熊手などを売る市が立つ祭り。

大晦日（12月31日）　おおみそか

月の異名

知っておきたい月の異名の読み方

1月　睦月　むつき

2月　如月　きさらぎ

3月　弥生　やよい

4月　卯月　うづき

5月　皐月　さつき

1月　早緑月　さみどりづき

2月　夾鐘　きょうしょう

3月　嘉月　かげつ

4月　仲呂　ちゅうりょ

5月　月不見月　つきみずづき

上段は古典などでよく目にする旧暦の月の異名です。現在の暦とは1か月から2か月ほどのずれがあります。

6月	水無月	みなづき
7月	文月	ふみづき（ふづき）
8月	葉月	はづき
9月	長月	ながつき
10月	神無月	かんなづき
11月	霜月	しもつき
12月	師走	しわす

6月	鳴雷月	なるかみづき
7月	愛逢月	めであいづき
8月	燕去月	つばめさりづき
9月	無射	ぶえき
10月	神去月	かみさりづき
11月	神楽月	かぐらづき
12月	臘月	ろうげつ

下段も月の異名です。これはほんの一例で別の呼び方も数多くあります。これらの多くは生活の実感や季節のようすから名づけられたと考えられています。

結婚式

間違えたくない結婚式にまつわる読み方

許嫁
いいなずけ

結婚の約束をした相手。婚約者。

娶せる
めあわせる

嫁入りさせること。

言寿
ことほぎ

言葉によって祝福すること。

華燭
かしょく

婚礼のこと。

白無垢
しろむく

表裏とも白一色の着物。

高砂
たかさご

婚礼のときなどによくうたわれる謡曲。

仲人　なこうど

結婚の仲立ちをする人。月下氷人。媒酌人。

餞　はなむけ

旅立つ人の前途を祝して贈り物などをすること。「馬の鼻向《はなむ》け」の略。昔、旅に出る人の道中の安全を祈って、乗る馬の鼻を行く先へ向けたことから。

披露宴　ひろうえん

結婚を広く発表するために開く宴会。

文金高島田　ぶんきんたかしまだ

女性の髪型の一種。特に結婚式で花嫁が白無垢などの和装の際に多く用いる、まげを高く仕上げる髪型。

合衾　ごうきん

夜具を同じにすることから、夫婦の契りを結ぶこと。

輿入れ　こしいれ

嫁入りすること。

葬式

いざというときのための葬式にまつわる読み方

命終《みょうじゅう》

死ぬこと。

逝去《せいきょ》

死の尊敬語。

訃報《ふほう》

死去のしらせ。

通夜《つや》

葬儀の前に、死者の遺体を守ってその傍らで一夜を明かすこと。

数珠《じゅず》

香奠《こうでん》

香の代わりとして死者の霊前に供える金品。

位牌 いはい

死者の戒名を記した木の札。

弔辞 ちょうじ

死を悼むことば。

引導 いんどう

死者が成仏できるように僧が読経したり法語を唱えたりすること。

布施 ふせ

読経などのお礼として、僧に財物を施すこと。

火屋 ほや

火葬場の別称。

尸所 かばねどころ

死体を埋める所。墓場。

卒塔婆 そとば

死者の供養のために墓に立てる細長い板。

菩提寺 ぼだいじ

先祖代々の墓や位牌のある寺。

祝いごと

たくさん使える祝いごとにまつわる読み方

初産《ういざん》
はじめての出産。

産湯《うぶゆ》
出産直後の赤子の入浴。

魚味始《まなはじめ》
生後はじめて魚を食べる儀式。

七五三《しちごさん》
子どもの成長を祝う行事。

元服《げんぷく》
男子が成人になったことを示す儀式。

褌祝《へこいわい》
成年式の祝い。

本卦還り《ほんけがえり》

還暦のこと。60歳の祝い。

古稀《こき》

七十歳のこと。中国の杜甫の詩の一節「人生七十古来稀なり」から。

喜寿《きじゅ》

77歳の祝い。

傘寿《さんじゅ》

80歳の祝い。傘の俗字「仐」が八と十に分けられることから。

半寿《はんじゅ》

81歳の祝い。半の字を分解すると八十一となることから。

米寿《べいじゅ》

88歳の祝い。米の字を分解すると八十八となることから。

卒寿《そつじゅ》

90歳の祝い。卒の俗字「卆」から。

白寿《はくじゅ》

99歳の祝い。百の字から一をとると白になることから。

仏教

読めたらすごい仏教にまつわる読み方

厭離穢土
おんりえど

この世がけがれたものとして離れること。

加持祈禱
かじきとう

病気や災難からの守護を神仏に祈ること。

迦陵頻伽
かりょうびんが

極楽浄土にいるという美女の顔をもつ鳥。

虚仮
こけ

外見と内心が一致しないこと。

欣求浄土
ごんぐじょうど

死後、極楽浄土へ行くことを喜び願うこと。

只管打坐
しかんたざ

ひたすら座禅に打ち込むこと。

釈迦牟尼《しゃかむに》

釈迦の尊称。

啐啄同時《そったくどうじ》

禅で師が機を逃さず弟子を悟りに導くこと。

大般涅槃経《だいはつねはんぎょう》

釈迦の入滅を記した経典。

拈華微笑《ねんげみしょう》

釈迦から弟子に以心伝心で真理を伝えた話。

破邪顕正《はじゃけんしょう》

仏教の誤った見解を退け、真理を示すこと。

曼荼羅《まんだら》

仏や菩薩を一定の位置に配置し、宇宙の真理を表わした絵。

夢幻泡影《むげんほうよう》

世の中の事は実体がなくはかないたとえ。

六道輪廻《りくどうりんね》

人が六つの世界で転生し苦しみ続けること。

仏教以外の宗教

仏教以外の宗教にまつわる読み方

磐座 いわくら

神が宿る聖なる岩。神の御座所。「いわ」は堅固の意味。

産土神 うぶすながみ

生まれた土地の守護神。

巫女 みこ

禰宜 ねぎ

祭事をとり行なう神職のひとつ。

黄泉 よみ

死後、魂が行くとされている地下の世界。

三位一体 さんみいったい

神・キリスト・聖霊がひとつであること。

贖罪　しょくざい

キリスト教において、犯した罪をつぐなうこと。

枢機卿　すうきけい

ローマカトリック教会で教皇の最高顧問。

聖餐式　せいさんしき

キリスト教で、パンとぶどう酒を信者に分け与える儀式。

基督　きりすと

免罪符　めんざいふ

ローマカトリック教会が、罪の許しとして信者に発行した証書。

婆羅門教　ばらもんきょう

インド古代の宗教。バラモンが司祭したためにつけられた。

煉獄　れんごく

カトリック教において、天国と地獄の間にある、死者の霊魂が天国に入る前に、火によってその罪が浄化されるという場所。

ビジネス

ビジネスにまつわる漢字・表現

左遷　させん

馘首　かくしゅ

雇い主が使用人をやめさせること。「馘」は首を切る意味。

商い　あきない

品物を売買すること。商売。

諫言　かんげん

目上の人をいさめること。

矜持　きょうじ

自身に対して抱く誇り。プライド。

虚名　きょめい

実力以上の名声。

巷説　こうせつ

世間でいいふらされている確かではない話。ちまたのうわさ。世の中の風説。「巷説によれば…」などと使われる。

誤謬　ごびゅう

知識や考えの間違い。誤り。「誤謬を正す」「誤謬を犯す」「誤謬を指摘する」などと使われる。

恣意　しい

思いつくままの考え。思いつくままに物事をするようすは「恣意的に…する」。

時宜　じぎ

ちょうどいいころあい。適当な時機。「時宜にかなう」「時宜を得る」など。

峻拒　しゅんきょ

厳しい態度できっぱりと断ること。

一蹴　いっしゅう

きっぱりと断ること。

敢行　かんこう

悪条件を押し切って行なうこと。

嘱託 しょくたく

仕事を頼んでまかせること。正式な社員としてではなく、ある業務を依頼すること。また、その身分の人。

杜撰 ずさん

詩や文章に誤りが多いこと。また、やりかたがいい加減なこと。「撰」は詩や文章をつくる意味。

相殺 そうさい

貸し借りなどを互いに差し引きして帳消しにすること。「殺」は減らす意味。

忖度 そんたく

他人の気持ちや考えをおしはかること。推察。

踏襲 とうしゅう

今までの方法をそのまま受け継ぐこと。

汎用 はんよう

ひとつの物がいろいろな方面に使えること。

罷免 ひめん

職をやめさせること。

謬見　びゅうけん

誤った見解。間違った考え。

鞭撻　べんたつ

いましめ、強く励ますこと。「鞭」も「撻」もむち打つ意味。

未曾有　みぞう

今までに一度もないこと。

目処　めど

おおよその見込み。

憂慮　ゆうりょ

悪い結果になるのではないかと心配すること。「憂慮にたえない」など。

履行　りこう

義務や約束を実行すること。

厳命　げんめい

厳しく命令すること。

一存　いちぞん

自分ひとりだけの考え。

難読ウンチク 7

手紙で使う言葉

手紙を書く時にだけ使う言葉は、正しく使いたい日本独特の慣習です。

家族内でも友人とでもスマホでやりとりすることが多くなった現在では、手紙を書くという機会は少なくなりました。そのため、いざ手紙を書くというときに、手紙で使う言葉を正しく使えない人も多いのではないでしょうか。

ここでは、手紙で使う言葉で、難読のため、間違えやすい言葉を挙げます。

まずは拝啓・謹啓・前略などの頭語のうち、**冠省**（かんしょう）が挙げられます。冠を省くという意味で前文の省略に用います。

次は、季節の挨拶の言葉です。たとえば七月では、盛夏・酷暑といった季節を表わす語に「…の候」「…の**砌**（みぎり）」などを続けます。この「砌」は、とき、折の意味です。

最後に書く結語で、「謹啓」に対して用いるのが**頓首**（とんしゅ）です。この「頓」は、ひたいを地面につけて礼拝する意味で、「頓首」でおじぎ、相手への敬意を表わします。同じように「前略」などに対する結語の**不一**（ふいつ）は、気持ちを十分に書き尽くせていない意味です。

また、最近見られない慣習に、宛名の左下に小さく添えて相手への敬意を表わす脇付《わきづけ》があります。たとえば**机下**（きか）は、手紙を相手の机の下に差し出す意味で、**侍史**（じし）は相手の秘書を通して手紙を差し出す意味です。

敬語

正しく使いたい敬語の漢字の読み方

貴翰 きかん

相手の手紙をいう尊敬語。

荊妻 けいさい

自分の妻を謙遜していう語。

御芳情 ごほうじょう

相手の好意に対する尊敬語。

拙宅 せったく

自分の家を謙遜していう語。

粗餐 そさん

他人に出す食事を謙遜していう語。

豚児 とんじ

自分の子どもを謙遜していう語。

拝察 はいさつ

「推察」の謙譲語。

微意 びい

自分の気持ちを謙遜していう語。

弊社 へいしゃ

自分の会社を謙遜していう語。

崩御 ほうぎょ

天皇や皇族の死をいう尊敬語。

芳名 ほうめい

相手の名前に対する尊敬語。

身罷る みまかる

「死ぬ」の丁寧な言い方。身がこの世から離れるという意味。

陋屋 ろうおく

むさくるしく小さな家。自分の家を謙遜していう語。

敬語のウンチク

「あげる」と「やる」

「あげる」は本来、相手を敬って物を渡すことでしたが、最近では「やる」の丁寧な言い方として使われています。
「犬にえさをあげる」などは本来「やる」を使います。

時間帯

語彙が増える時間帯にまつわる読み方

東雲《しののめ》

明け方。

朝朗け《あさぼらけ》

朝、空がほのぼのと明るくなるころ。

彼は誰時《かはたれどき》

明け方（または夕方）のうす暗いころ。

逢魔が時《おうまがとき》

夕方、うす暗くなったころ。

黄昏《たそがれ》

夕暮れ。

遑《いとま》

ひま。時間のゆとり。

幾許　いくばく

少しばかり。例「余命—もない」

玉響　たまゆら

ほんのしばらくの間。

追追　おいおい

暫時　ざんじ

しばらく。少しの間。

序で　ついで

漸く　ようやく

夙に　つとに

早くから。ずっと前から。小さいころから。
朝早く。

予予　かねがね

前々から。かねてから。

砌　みぎり

その状態のとき。おり。時節。「幼少の—」
「酷暑の—お身体たいせつに」などと使う。

季節の言葉

季節を感じられる漢字の読み方

〈春〉

薄氷　うすらひ

霾る　つちふる

螺肴　にしざかな

長閑　のどか

鎮花祭　はなしずめのまつり

松毟鳥　まつむしり

〈秋〉

鵲の橋　かささぎのはし

秋霖　しゅうりん

不知火　しらぬい

添水　そうず

野分　のわき

柚餅子　ゆべし

〈夏〉

安居《あんご》

卯の花腐し《うのはなくたし》

白南風《しらはえ》

驟雨《しゅうう》

照射《ともし》

黴雨《ばいう》

春夏のウンチク

「霾る」と「照射」

「霾る」は「土降る」で、強い風が土砂を巻き上げ、降らせる意味。春の季語。「照射」は夏の季語で、夜に鹿をおびき寄せるための松明。

〈冬〉

霰《あられ》

節季候《せきぞろ》

湯婆《たんぽ》

斑雪《はだれゆき》

霙《みぞれ》

虎落笛《もがりぶえ》

秋冬のウンチク

「野分」と「虎落笛」

「野分」は台風の古称。秋に吹く強い風。秋の季語。「虎落笛」は冬の激しい風が垣や柵に吹きつけて発する笛のような音。冬の季語。

二十四節気

二十四節気を表わす漢字の読み方

〈春〉

立春 2月4日頃 りっしゅん
雨水 2月19日頃 うすい
啓蟄 3月5日頃 けいちつ
春分 3月21日頃 しゅんぶん
清明 4月5日頃 せいめい
穀雨 4月20日頃 こくう

〈秋〉

立秋 8月8日頃 りっしゅう
処暑 8月23日頃 しょしょ
白露 9月8日頃 はくろ
秋分 9月23日頃 しゅうぶん
寒露 10月8日頃 かんろ
霜降 10月24日頃 そうこう

〈夏〉

立夏 5月5日頃 りっか
小満 5月21日頃 しょうまん
芒種 6月6日頃 ぼうしゅ
夏至 6月21日頃 げし
小暑 7月7日頃 しょうしょ
大暑 7月23日頃 たいしょ

春夏のウンチク

「啓蟄」と「芒種」

「啓蟄」は冬ごもりしていた虫が外に出てくる意味。暖かくなる気候を表わします。「芒種」は稲や麦などの種をまくころを表わします。

〈冬〉

立冬 11月7日頃 りっとう
小雪 11月22日頃 しょうせつ
大雪 12月7日頃 たいせつ
冬至 12月21日頃 とうじ
小寒 1月5日頃 しょうかん
大寒 1月21日頃 だいかん

秋冬のウンチク

「白露」と「大寒」

「白露」は秋の白い露を表わし、このころ秋の気配が漂いはじめます。「大寒」は小寒と立春の間にあり、一年で最も寒いころです。

七十二候

七十二候を表わす漢字の読み方

東風解凍《はるかぜこおりをとく》
黄鶯睍睆《うぐいすきこえになく》
魚上氷《うおこおりをいずる》
土脉潤起《つちのしょううるおいおこる》
霞始靆《かすみはじめてたなびく》
草木萌動《くさきめばえいずる》

蟄虫啓戸《すごもりむしとをひらく》
桃始笑《ももはじめてさく》
菜虫化蝶《なむしちょうとなる》
雀始巣《すずめはじめてすくう》
桜始開《さくらはじめてひらく》
雷乃発声《かみなりすなわちこえをはっす》

玄鳥至《つばめきたる》
鴻雁北《こうがんかえる》
虹始見《にじはじめてあらわる》
葭始出《あしはじめてしょうず》
霜止出苗《しもやんでなえいずる》
牡丹華《ぼたんはなさく》

鼃始鳴《かわずはじめてなく》
蚯蚓出《みみずいずる》
竹笋生《たけのこしょうず》
蚕起食桑《かいこおきてくわをはむ》
紅花栄《べにばなさかう》
麦秋至《むぎのときいたる》

蟷螂生《かまきりしょうず》
腐草為蛍《くされたるくさほたるとなる》
梅子黄《うめのみきばむ》
乃東枯《なつかれくさかるる》
菖蒲華《あやめはなさく》
半夏生《はんげしょうず》

七十二候は二十四節気をさらに３つに分けた約５日ずつの呼び名です。天候や動植物の変化を端的に表わします。

温風至《あつかぜいたる》
蓮始開《はすはじめてひらく》
鷹乃学習《たかすなわちわざをならう》
桐始結花《きりはじめてはなをむすぶ》
土潤溽暑《つちうるおうてむしあつし》
大雨時行《おおあめときどきふる》

涼風至《すずかぜいたる》
寒蟬鳴《ひぐらしなく》
蒙霧升降《ふかききりまとう》
綿柎開《わたのはなしべひらく》
天地始肅《てんちはじめてさむし》
禾乃登《こくものすなわちみのる》

草露白《くさのつゆしろし》
鶺鴒鳴《せきれいなく》
玄鳥去《つばめさる》
雷乃収声《らいすなわちこえをおさむ》
蟄虫坏戸《むしかくれてとをふさぐ》
水始涸《みずはじめてかるる》

鴻雁来《こうがんきたる》
菊花開《きくのはなひらく》
蟋蟀在戸《きりぎりすとにあり》
霜始降《しもはじめてふる》
霎時施《こさめときどきふる》
楓蔦黄《もみじつたきばむ》

山茶始開《つばきはじめてひらく》
地始凍《ちはじめてこおる》
金盞香《きんせんかさく》
虹蔵不見《にじかくれてみえず》
朔風払葉《きたかぜこのはをはらう》
橘始黄《たちばなはじめてきばむ》

閉塞成冬《そらさむくふゆとなる》
熊蟄穴《くまあなにこもる》
鱖魚群《さけのうおむらがる》
乃東生《なつかれくさしょうず》
麋角解《さわしかのつのおつる》
雪下出麦《ゆきくだりてむぎいずる》

芹乃栄《せりすなわちさかう》
水泉動《しみずあたたかをふくむ》
雉始雊《きじはじめてなく》
款冬華《ふきのはなさく》
水沢腹堅《さわみずこおりつむ》
雞始乳《にわとりはじめてとやにつく》

最初の「春風解凍」が立春の２月４日ころで、そこから５日間隔で下へ進み、順に左の段へ移っていきます。現在の七十二候は明治の『略本暦』を基にしています。

干支

十干十二支を表わす漢字の読み方

十干《じっかん》

甲 きのえ	戊 つちのえ	壬 みずのえ
乙 きのと	己 つちのと	癸 みずのと
丙 ひのえ	庚 かのえ	
丁 ひのと	辛 かのと	

干支《えと》というと、一般的に十二支のことだけを指す場合も多くありますが、本来は上の十干と左の十二支を組み合わせたものをいいます。

十二支《じゅうにし》

申《さる》	辰《たつ》	子《ね》
酉《とり》	巳《み》	丑《うし》
戌《いぬ》	午《うま》	寅《とら》
亥《い》	未《ひつじ》	卯《う》

１周10年の十干と12年の十二支を組み合わせた「甲子（きのえね）」から始まり、「乙丑（きのとうし）」「丙寅（ひのえとら）」と進み、60年目の「癸亥（みずのとい）」で干支が１周し、60歳を還暦といいます。

占い

神秘的な占いにまつわる読み方

陰爻　いんこう

陰陽道に使われる記号。「陽爻（ようこう）」と対照的に女性的な面を表わす。

御神籤　おみくじ

陰陽道　おんみょうどう

古代中国で成立した易《えき》の原型となる思想。

奇門遁甲　きもんとんこう

占いに用いる方位術。

九星暦　きゅうせいれき

陰陽道で、運勢判断に用いる九つの星。

四柱推命　しちゅうすいめい

生年月日を基に吉凶や禍福を占う術。

紫微斗数　しびとすう

北極星（紫微星）を中心に運勢を占う術。

宿曜経　しゅくようきょう

日のよしあしを判断する方法を説く経典。

筮竹　ぜいちく

易の占いで卦を立てるのに用いる50本の竹の棒。

太乙神数　たいおつしんすう

国家の将来を占う占術。

擲銭法　てきせんほう

コインを使って卦を立てる占いの方法。

扶抑　ふよく

身の強弱を判断する占いの方法。

卜占　ぼくせん

いろいろな方法によって、将来のことや隠されたことを知ろうとする行為。

六壬神課　りくじんしんか

時の吉凶を占う占術。

縁起物

さまざまな縁起物にまつわる読み方

搗栗　かちぐり

干して加熱し殻と渋皮をとった栗。「勝ち」に通じるため祝儀などに用いる。

勝男武士　かつおぶし

御節料理　おせちりょうり

正月に食べる料理。

大角豆　ささげ

祝いごとの赤飯に小豆の代わりに種子が使われるマメ科の植物。

注連縄　しめなわ

寿留女　するめ

長持ちすることで縁起物に使うするめいか。

達磨《だるま》

千代呂木《ちょろぎ》
巻貝状の白い塊茎を正月料理などに用いる。シソ科の植物。

付喪神《つくもがみ》
古い器物などに宿る神や霊。

長熨斗《ながのし》
干したあわびの肉をうすくのばしたもの。長寿を願う縁起物。

破魔矢《はまや》
正月の魔よけの縁起物。

柊鰯《ひいらぎいわし》
節分に柊の小枝に焼いたいわしの頭を刺して玄関に飾り、魔よけとしたもの。

幣串《へいぐし》
神事に使う、細く切った紙などを挟む串。

憑代《よりしろ》
神霊が宿るという樹や岩などの物。

復習ドリル
Part 6

出てきた漢字に挑戦!

パート6の復習です。漢字の意味をヒントに、いくつ読めるでしょうか。

盂蘭盆
お盆に祖先の霊を供養する行事。

訃報
死去のしらせ。

加持祈禱
病気や災難からの守護を神仏に祈ること。

灌仏会
誕生仏に甘茶を注ぐ行事。花祭り。

香奠
死者の霊前に供える金品。

磐座
神が宿る聖なる岩。

高砂
婚礼のときなどによくうたわれる謡曲。

古稀
70歳のこと。

贖罪
犯した罪をつぐなうこと。

仲人
結婚の仲立ちをする人。月下氷人。

厭離穢土
この世がけがれたものとして離れること。

婆羅門教
インド古代の宗教。

黄泉
人の死後に魂が行くとされている世界。

誤謬
知識や考えの間違い。誤り。

汎用
ひとつの物が多方面に使えること。

玉響
ほんのしばらくの間。

馘首
雇い主が使用人を辞めさせること。

恣意
思いつくままの考え。

目処
おおよその見込み。

東雲
明け方。

菩提寺
先祖代々の墓や位牌のある寺。

杜撰
詩や文章に誤りが多いこと。

身罷る
「死ぬ」の丁寧な言い方。

幾許
少しばかり。

矜持
自身に対して抱く誇り。プライド。

未曾有
今までに一度もないこと。

粗餐
他人に出す食事を謙遜していう語。

夙に
早くから。ずっと前から。

⇐答えは次ページへ

Part6【答え】

復習ドリル

さて、どれだけ読めたでしょうか。読めない漢字がたくさんあったという人は、しっかり復習しましょう。

【盂蘭盆】うらぼん
【訃報】ふほう
【加持祈禱】かじきとう
【黄泉】よみ
【誤謬】ごびゅう
【汎用】はんよう
【玉響】たまゆら

【灌仏会】かんぶつえ
【香奠】こうでん
【磐座】いわくら
【馘首】かくしゅ
【恣意】しい
【目処】めど
【東雲】しののめ

【高砂】たかさご
【古稀】こき
【贖罪】しょくざい
【菩提寺】ぼだいじ
【杜撰】ずさん
【身罷る】みまかる
【幾許】いくばく

【仲人】なこうど
【厭離穢土】おんりえど
【婆羅門教】ばらもんきょう
【矜持】きょうじ
【未曾有】みぞう
【粗餐】そさん
【夙に】つとに

Part 7

メディアで見聞きする漢字

それはどういうことですか？

宮中行事

歴史ある宮中行事の読み方

日供の儀　にっくのぎ

毎日午前8時から、清酒、赤飯などを供える。

旬祭　しゅんさい

毎月1日・11日・21日に宮中で行なわれる。

歌御会始　うたごかいはじめ

年頭に行なわれる和歌を披露しあう会。

四方拝　しほうはい

元旦に行なう、天皇が神々に祈願する儀式。

歳旦祭　さいたんさい

元旦に宮中・諸神社で行なわれる祭祀。

元始祭　げんしさい

毎年1月3日に宮中三殿で行なわれる祭儀。

奏事始　そうじはじめ

年始に皇室の祭祀を司る掌典長《しょうてん》が天皇に祭事を報告する儀式。

祈年祭　きねんさい

旧暦2月4日に行なわれる豊作を祈る祭祀。

節折　よおり

毎年6月・12月の末日に行なわれる、天皇・皇后・皇太子のための祓式。

大祓　おおはらい

6月30日と12月31日に行なわれる神事。

神嘗祭　かんなめさい

毎年秋に伊勢神宮で行なわれる儀式。その年に収穫された新穀を最初に天照大御神に捧げて、恵みに感謝するお祭り。

新嘗祭　にいなめさい

11月23日に行なわれる、稲の収穫を祝い、翌年の豊穣を祈る式典。1948年以降は、「勤労感謝の日」と定められ、祝日に。

天長祭　てんちょうさい

天皇誕生日に宮中三殿で行なわれる儀式。

元号と天皇

元号と天皇の読み方

和銅　わどう
天平　てんぴょう
延暦　えんりゃく
承和　じょうわ
治承　じしょう
保元　ほうげん

元明天皇　げんめいてんのう
聖武天皇　しょうむてんのう
桓武天皇　かんむてんのう
仁明天皇　にんみょうてんのう
後鳥羽天皇　ごとばてんのう
後堀河天皇　ごほりかわてんのう

元号は特定の年代につけられる名のことで、日本では６４５年の「大化」がはじめての元号とされています。

文治　ぶんじ

嘉吉　かきつ

応仁　おうにん

元亀　げんき

慶安　けいあん

寛政　かんせい

安政　あんせい

後醍醐天皇　ごだいごてんのう

後陽成天皇　ごようぜいてんのう

正親町天皇　おおぎまちてんのう

後光明天皇　ごこうみょうてんのう

光格天皇　こうかくてんのう

仁孝天皇　にんこうてんのう

孝明天皇　こうめいてんのう

元号を改めることを「改元」といいます。天皇の代始や、天変地異などの厄災を避けるためなど、改元にはさまざまな理由がありました。

天気予報

天気予報に関する漢字の読み方

曇天 どんてん

くもった空。くもりの天気。

霰 あられ

冬に降る小さい氷の粒。

霙 みぞれ

雨がまじった雪。

氷柱 つらら

しずくが棒状に凍ったもののこと。

細雪 ささめゆき

こまかい雪のこと。

偏西風 へんせいふう

中緯度地方に年間を通じて吹く西寄りの風。

時雨 しぐれ

降ってはすぐやむような雨。通り雨。

結氷 けっぴょう

海や湖、河川などの水面、滝などの流水が凍ること。氷結、凍結は同意語。

解氷 かいひょう

春になり、湖・海などの氷が解けること。

黄砂 こうさ

東アジア内陸部から飛来する黄色の砂。

蜃気楼 しんきろう

光の異常屈折現象のひとつ。

微風 そよかぜ

そよそよとかすかに吹く風のこと。

旋風 つむじかぜ

渦を巻いて吹く強い風。

俄雨 にわかあめ

急に降りだしてまもなくやんでしまう雨。

甚雨《ひさめ》

電光や雷鳴を伴う風雨。

氷霧《こおりぎり》

小さな氷晶が霧のように浮遊する現象。

煙霧《えんむ》

肉眼で見えない微粒子が大気中に浮遊し、空気を濁して視界が悪くなる現象。

細氷《さいひょう》

細かい氷の結晶が空気中に漂う現象。

五月雨《さみだれ》

陰暦5月ごろの長雨。いまの梅雨。

梅雨《つゆ》

6月ごろの長雨の季節。

梅雨前線《ばいうぜんせん》

梅雨をもたらす前線。

空梅雨《からつゆ》

降水量の多い梅雨の期間に、雨があまり降らないこと。別名は照り梅雨。

小春日和　こはるびより

晩秋から初冬にかけての暖かい晴天。

根雪　ねゆき

冬のあいだ、解けないうちに雪が積もり、春の雪解けまで積雪が続く状態。

初冠雪　はつかんせつ

その年、最初に山頂に雪が積もること。

薄氷　うすらい

薄く張った氷のこと。

波浪　はろう

海面・湖面の波の動き。

驟雨　しゅうう

急にどっと降りだして、しばらくするとやんでしまう雨。俄雨。

凩　こがらし

秋の終わりから冬のはじめにかけて吹く、木の葉を吹き散らす冷たい風のこと。

暴風　あかしまかぜ

非常に強い風のこと。

スポーツ

スポーツを表わす漢字

洋弓 アーチェリー

西洋発祥の、弓を使う伝統的な競技。

闘球 ラグビー

球を使って闘うという行為が由来。

杖球 ホッケー

スティック（杖）を使う球技のため。

排球 バレーボール

球を相手陣に排する（押しのける）ことから。

送球 ハンドボール

球を送ることから。

蹴球 サッカー

球を蹴る競技のため。

庭球　テニス

フランス貴族が庭で行なっていたことから。

打球　ゴルフ

球を打つという行為に着目した命名。

羽球　バドミントン

羽つきのシャトルに着目した命名。

棒網球　ラクロス

網のついた棒という道具に着目した命名。

「袋球」と書くものもあり。

跆拳道　テコンドー

「跆」は跳ぶ、蹴る、踏むを意味し、「拳」は突く、砕くを意味する武道のため。

鎧球　アメリカンフットボール

鎧のようなプロテクターを身につけて競技をすることから。

漢字のウンチク

道具や行為を漢字で表現

スポーツの和名は、何に着目して漢字を当てたかで分類できます。洋弓や杖球、羽球などは使う道具に着目した和名。排球や送球、蹴球などは行為に着目した和名です。

伝統芸能

日本文化が息づく伝統芸能の読み方

能楽《のうがく》

謡曲、舞などからなる日本独自の音楽劇。

薪能《たきぎのう》

奈良の興福寺の南大門前で、毎年5月の夜、たきぎを炊いて行なう能楽。

歌舞伎《かぶき》

人形浄瑠璃《にんぎょうじょうるり》

三味線と語りに合わせて演じられる人形劇。

文楽《ぶんらく》

人形浄瑠璃の芝居。

狂言《きょうげん》

日本伝統演劇のひとつ。

義太夫節 ぎだゆうぶし

元禄のころ、竹本義太夫が始めた浄瑠璃の一派。豪快華麗な曲節が特徴。

神楽 かぐら

神をまつるために奏する舞楽。

田楽 でんがく

平安中期ごろから田植えの慰安として流行した芸能。

雅楽 ががく

古代中国を発祥とする儀式音楽。

白拍子 しらびょうし

歌舞の一種。男装の舞妓が歌い舞うのが特徴。素拍子とも。

清元節 きよもとぶし

江戸浄瑠璃の一派。三味線音楽のひとつ。

漢字のウンチク

複数の読み方がある「楽」

能楽や文楽、神楽、田楽、雅楽などの伝統芸能の共通点は「楽」という漢字を用いていること。ただし、「がく」「らく」「ら」と複数の異なる読み方をします。

地歌　じうた

上方で行われる三味線歌謡。地唄とも。

長唄　ながうた

三味線歌謡。江戸歌舞伎の三味線歌。

小唄　こうた

三味線のつまびきに合わせて歌う短い歌謡。

都々逸　どどいつ

「7・7・7・5」の4句26文字で男女の情愛などをうたうもの。

詩吟　しぎん

漢詩に節をつけて歌う芸能。

浪花節　なにわぶし

三味線を伴奏とし、義理人情など庶民的な題材をテーマとする語りもの。浪曲。

浪曲　ろうきょく

浪花節のこと。

舞楽　ぶがく

舞を伴う野外用の雅楽

講談 こうだん

政談・人情物語・軍記・武勇伝などをおもしろおかしく聞かせる演芸。

箏曲 そうきょく

琴のための楽曲。

獅子舞 ししまい

獅子頭をかぶって行なう舞。

花笠踊り はながさおどり

花笠をかぶって踊る踊り。

般若 はんにゃ

能の女面のひとつで、二本の角をもつ鬼女の面。

相撲甚句 すもうじんく

大相撲の巡業などで力士が披露する七五調の囃子《はやし》歌。甚句とは民謡種目のこと。

寄席 よせ

落語などを上演する演劇場。

寿限無 じゅげむ

落語の演題のひとつ。

難読ウンチク 8

読めない会社、学校

いったいどのように読めばよいのかわからない社名・校名を紹介します。

難読漢字を用いた社名や学校名には、「読みにくいけど記憶に残る」という効果があります。

たとえば札幌市の水産会社、**曲〆高橋水産**（かねしめたかはしすいさん）の「曲〆」は、容易に読めませんが、いったん知れば人に教えたくなります。

会社の場合、創業者や社長の苗字を社名にしたケースもあります。酒販業の**饒田**（にぎた）、飲食業の**雲母**（きらら）、鉄骨工事の**鬼海工業**（きかいこうぎょう）などは、そのために社名も難読になりました。

近年では、遊び心のある社名も増えています。たとえば**赤黄緑青紫**（からーず）。楽しそうな印象を受けます。

　学校の名前にも、読みにくい漢字が使われていることがあります。たとえば、栃木県の**青藍泰斗高校**（せいらんたいとこうこう）。青藍は「青は藍より出でて、藍より青し」、泰斗は「泰山北斗」と、中国の古典に由来しています。

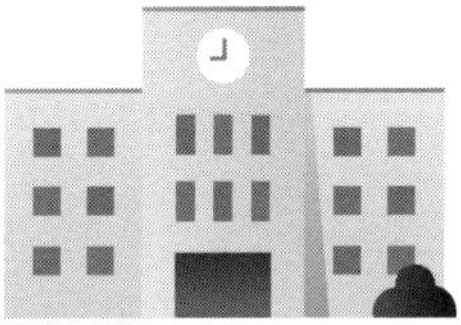

　また、熊本県の**済々黌高校**（せいせいこうこうこう）は、中国最古の詩篇『詩経』の一節「濟濟たる多士、文王以て寧んず」にちなみ、黌は学校を意味しています。

　千葉県の**匝瑳高校**（そうさこうこう）や滋賀県の**膳所高校**（ぜぜこうこう）、岩手県の**沼宮内高校**（ぬまくないこうこう）などは難読地名がついた校名です。

犯罪

犯罪と関係が深い漢字の読み方

窃盗 せっとう

他人の財物をひそかに盗むこと。

詐欺 さぎ

事実をいつわって他人に損害を与えること。

横領 おうりょう

他人のものを不法に奪うこと。

傷害 しょうがい

傷を負わせること。けがをさせること。

偽造 ぎぞう

本物に似せてつくること。

脅迫 きょうはく

人を脅しておそれさせること。

恐喝　きょうかつ

金品をおどし取ること。

背任　はいにん

仕事に従事している者が任務に背いて、他人や組織に財産上の損害を加えること。

賭博　とばく

金銭・品物を賭けて勝負を争うこと。

強姦　ごうかん

暴力などによって婦女をおかすこと。

強盗　ごうとう

暴行やおどしで他人の金品を奪うこと。

器物破損　きぶつはそん

他人の所有物（動物も含む）を損壊または傷害すること。

犯罪のウンチク

窃盗と強盗の違いは?

他人の財物を奪う窃盗と強盗は、手段が異なります。窃盗はものを奪う際に暴行・脅迫を用いません。強盗は暴行・脅迫をして抵抗できない状態で奪います。

裁判

裁判に欠かせない漢字の読み方

① 訴訟　そしょう

② 情状酌量　じょうじょうしゃくりょう

③ 立証　りっしょう

④ 誘導尋問　ゆうどうじんもん

⑤ 被告　ひこく

告訴《こくそ》

検察官などに犯罪事実を申し立てること。

陳述書《ちんじゅつしょ》

陳述を書面にしたもののこと。

訴状《そじょう》

裁判を起こした人が訴えの内容を書いて、裁判所に提出する文書のこと。

調停《ちょうてい》

簡易裁判所や家庭裁判所など国家機関が間に立って、紛争中の両者を和解させること。

起訴《きそ》

裁判所に訴訟を提起すること。とくに検事が裁判所に公訴すること。

罪状認否《ざいじょうにんぴ》

刑事裁判で、被告人が起訴状に記載された公訴事実を認めるかどうかについて行なう答弁。

論告求刑《ろんこくきゅうけい》

刑事裁判で、検察官が被告の罪に関して意見（論告）と、量刑についての意見（求刑）を述べること。

病院

病院にまつわる漢字の読み方

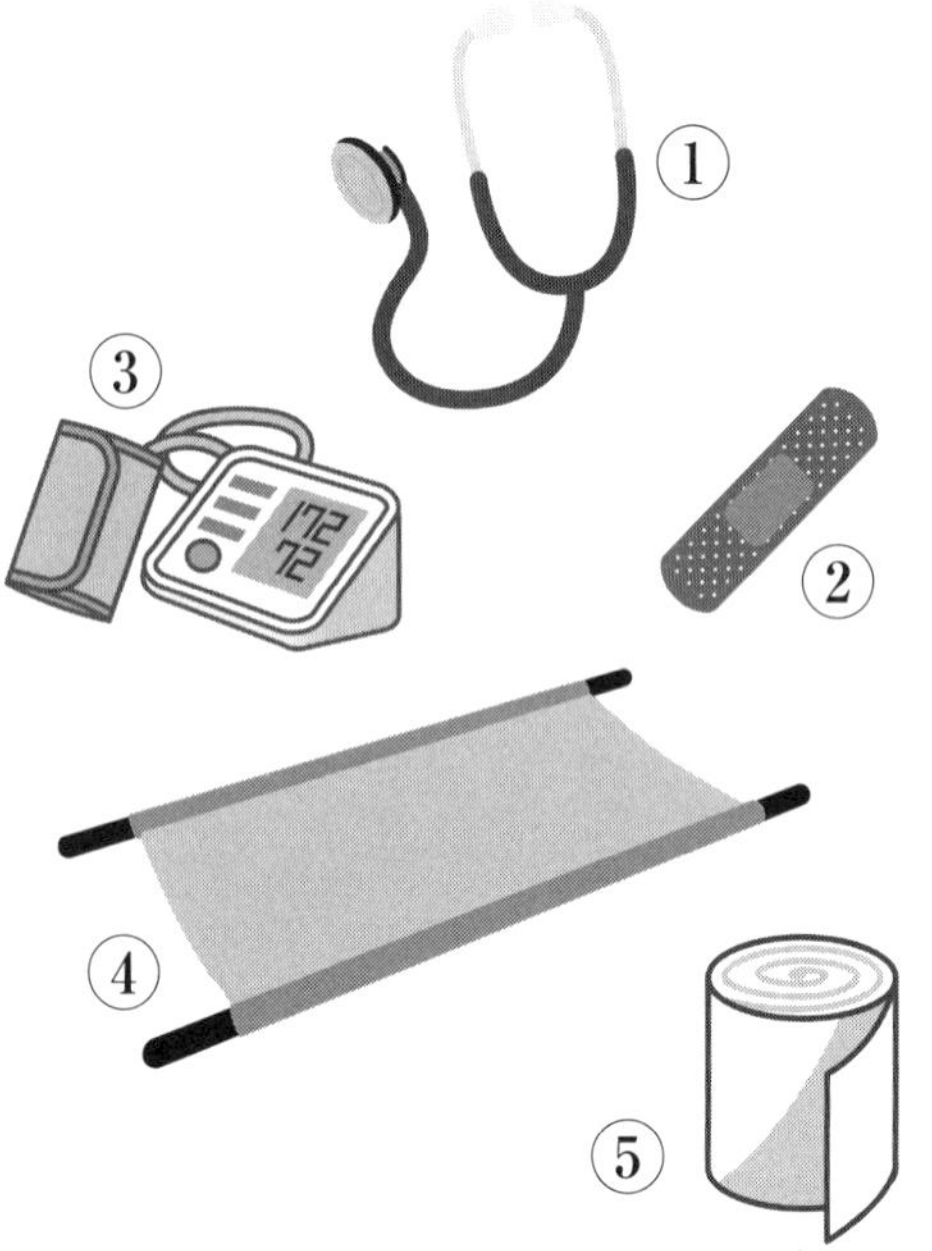

① 聴診器　ちょうしんき

② 絆創膏　ばんそうこう

③ 血圧計　けつあつけい

④ 担架　たんか

⑤ 包帯　ほうたい

内視鏡《ないしきょう》

おもに人体の内部を観察する医療機器。

鉗子《かんし》

血管、腸管、神経などの体の組織を挟む器具。形、用途などによって複数の種類があります。

透析器《とうせきき》

人工透析療法に用いる装置。

吸入器《きゅうにゅうき》

薬物や酸素を鼻や口から吸入させる器具。

心電計《しんでんけい》

心電図を描かせる装置。

縫合糸《ほうごうし》

傷や手術部位の組織をつなぎ合わせるために用いる医療用の糸。

医療機器のウンチク

内視鏡の「鏡」はスコープの訳

内視鏡は英語でendoscope（エンドスコープ）。endoは内部、scopeは望遠鏡や顕微鏡のようにものを見るための道具。内視鏡に用いられる「鏡」はスコープの訳です。

病気

病気にまつわる漢字の読み方

浮腫
ふしゅ

むくみのこと。

肝硬変
かんこうへん

肝臓全体が硬くなる症状。

感冒
かんぼう

風邪のこと。

喘息
ぜんそく

気道に慢性的な炎症が起こる病気。

帯状疱疹
たいじょうほうしん

疱疹の一種。ヘルペスとも。

狭心症
きょうしんしょう

心臓への酸欠により胸痛が起こる病気。

結核　けっかく

結核菌の感染により起こる病気。

潰瘍　かいよう

皮膚・粘膜の組織に生じる深い欠損のこと。

虫垂炎　ちゅうすいえん

盲腸の虫垂に炎症が生じている状態。

嚢腫　のうしゅ

腺組織の腫瘍のためにできる。腺腫の一種。

膠原病　こうげんびょう

全身の結合組織に広範な炎症と変性を起こす疾患群の総称。

蕁麻疹　じんましん

急に皮膚がかゆくなって浮腫が出る発疹。

病気のウンチク

「甘い尿が出る」から糖尿病

糖尿病はdiabetes mellitusの訳で、「甘い尿がつねに出る」という意味。明治初期には、蜜尿病、甘血、唐血病などと訳されましたが、やがて糖尿病に統一されました。

体の部位

知っておきたい体の部位の読み方

項
うなじ

額
ひたい

脹ら脛
ふくらはぎ

旋毛
つむじ

踵
かかと

足の裏の後部。履物でかかとの当たる部分。きびすとも読む。「きびすを返す」といえば、引き返すこと。

踝
くるぶし

足首の両側にある、骨が盛り上がっている部分。とくに外側のもの。

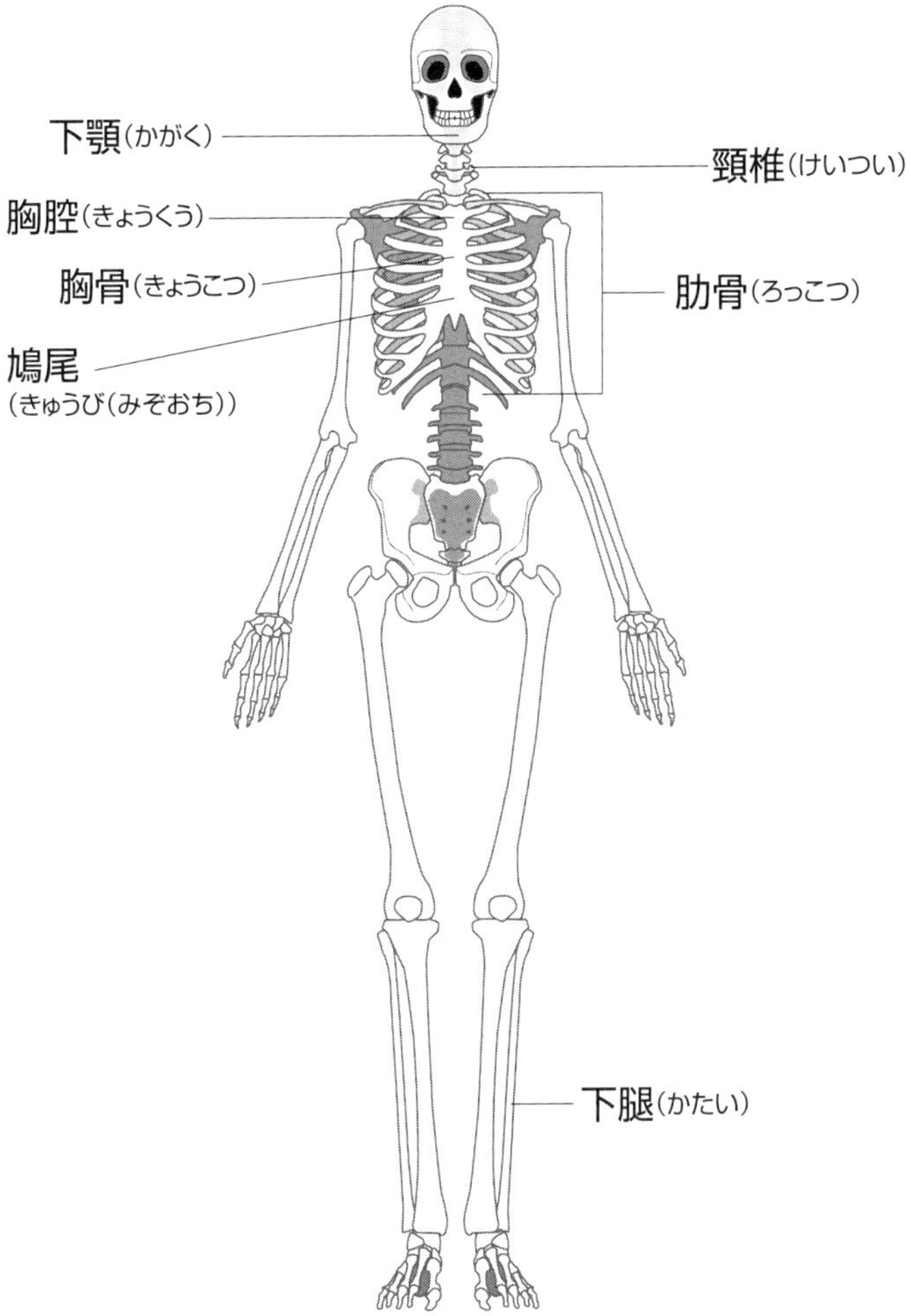
下顎(かがく)
頸椎(けいつい)
胸腔(きょうくう)
胸骨(きょうこつ)
肋骨(ろっこつ)
鳩尾
(きゅうび(みぞおち))
下腿(かたい)

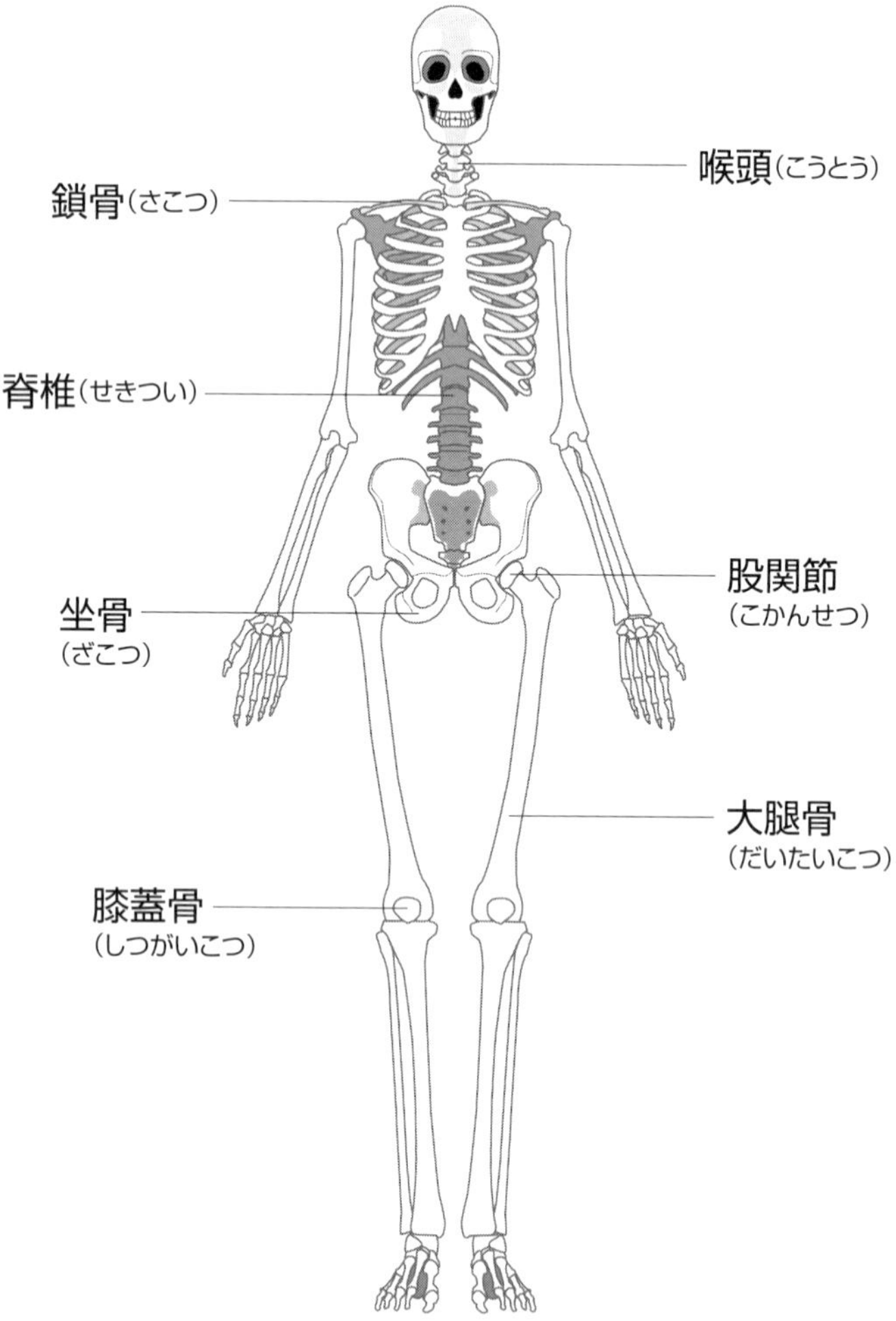
喉頭（こうとう）
鎖骨（さこつ）
脊椎（せきつい）
股関節
（こかんせつ）
坐骨
（ざこつ）
大腿骨
（だいたいこつ）
膝蓋骨
（しつがいこつ）

肩甲骨 けんこうこつ

両肩の後ろにある、平たい三角形の骨。

口腔 こうくう

口から喉までの空間。

臍帯 さいたい

胎児のへそと胎盤とをつなぐ、ひも状の器官。俗に「へその緒」。

耳朶 みみたぶ

「朶」は垂らすという意味。「耳朶に触れる」とは、耳に入ること。

靭帯 じんたい

骨格や器官の各部分をつなぐ、弾力に富んだ線維性のすじ。

丹田 たんでん

へその下の腹部。老子を祖とする中国の学派である道家の説では、丹田とは「心身の力を集めるところ」「精気の集まる部分」。

椎間板 ついかんばん

脊椎《せきつい》の椎体《ついたい》と椎体の間をつなぐ円形の線維軟骨。椎骨にかかる衝撃を吸収する役目を担っています。

人間関係

人間関係にまつわる読み方

天敵
てんてき

自分がもっとも苦手とする相手。

好敵手
こうてきしゅ

競い合うのに最適の相手。ライバル。

竹馬の友
ちくばのとも

竹馬で一緒に遊んだ友の意から幼なじみ。

続柄
つづきがら

血縁または姻族の関係。

同窓生
どうそうせい

学んだ学校が同じ者。

姪
めい

自分の兄弟姉妹の娘。

甥　おい

自分の兄弟姉妹の息子。

嫂　あによめ

兄の妻。

岳父　がくふ

妻の父。

舅　しゅうと

夫あるいは妻の父。夫または妻の母は「姑」と書き、しゅうと、しゅうとめと読む。

愚息　ぐそく

自分の息子を謙遜していう言葉。

倅　せがれ

愚息と同じく、自分の息子を謙遜していう言葉。語源は「痩せ枯れ」の略。

人間関係のウンチク

同窓生、同期生、同級生の違い

同窓生は同じ学校で学んだ者のことなので、同学年でなくても用います。同期生は同じ年度に入学（入社）、または卒業した者、同級生は同じ学級の者を指します。

業界用語

知っているようで知らない業界用語

現調　げんちょう

不動産業界用語で現地調査のこと。

雛壇　ひなだん

霞が関　かすみがせき

マスコミや政界で使われる用語で、中央諸官庁や官僚組織のこと。

化調　かちょう

化学調味料の略。

強殺　ごうさつ

警察用語で「強盗殺人」の略。

東弁・大弁　とうべん・だいべん

東京弁護士会と大阪弁護士会の略。

安協　あんきょう

警察用語で、各都道府県警察本部や警察署の内部に設置される「交通安全協会」の略。

全麻、局麻　ぜんま、きょくま

医療用語で全身麻酔、局部麻酔の略。

売契　ばいけい

不動産業界用語で不動産売買契約書の略。

塩漬け　しおづけ

証券用語で株の値下がりで売ることができず保有している状態。

瑕疵　かし

故障や傷など、不動産物件が本来備えているべき品質や性能を欠いている状態のこと。

檀家　だんか

お寺が使う用語で、特定の寺院に所属し、金品を寄進している家のこと。

業界用語のウンチク

雛壇芸人ってどんな芸人？

タレントを「雛壇」と呼ばれる席に並べておもしろいコメントを出させるバラエティ番組。雛壇に座って番組を盛り上げる芸人は「雛壇芸人」と呼ばれています。

歴史上のできごと

歴史上のできごとを表わす漢字の読み方

白村江の戦い
はくそんこうのたたかい

大宝律令
たいほう りつりょう

７０１年に制定された律令政治の基本法。

摂関政治
せっかんせいじ

摂政・関白が主導権をもった政治。

刀伊の入寇
といの にゅうこう

１０１９年の外敵侵入事件。

両統迭立
りょうとう てつりつ

ふたつの皇統が交代で皇位についたこと。

観応の擾乱
かんのうの じょうらん

南北朝時代に足利氏の中で起こった争い。

太閤検地《たいこうけんち》

太閤だった豊臣秀吉が行なった検地の呼称。

参勤交代《さんきんこうたい》

各藩主を江戸に出仕させる江戸幕府の制度。

蛮社の獄《ばんしゃのごく》

江戸幕府が尚歯会の洋学者グループに加えた弾圧事件。

大政奉還《たいせいほうかん》

江戸幕府が朝廷に統治権を返上したこと。

廃仏毀釈《はいぶつきしゃく》

1868年に起こった仏教の排斥運動。

戊辰戦争《ぼしんせんそう》

1868年から翌年にかけ、新政府軍と旧幕府勢力が争った内戦。戊辰とは、干支のひとつ「戊辰」の年に始まったことから。

歴史のウンチク

尊王と勤王は同じ意味？

大政奉還と王政復古が実現した背景にあった思想が「尊王」と「勤王」です。尊王は天皇を尊ぶこと、勤王は天皇に忠義を尽くすことなので、ほぼ同じ考えです。

読み間違い

読み間違いに気をつけたい漢字

中山道

○ なかせんどう

江戸の日本橋と京都の三条大橋までを結んだ街道。近江国から陸奥国まで貫く東山道《とうせんどう》の中にあることに由来しています。

× なかやまどう

某民放テレビ局のアナウンサーはニュースで「なかやまどう」と読み間違えてしまったそうです。

御嶽山

○ おんたけさん

長野県と岐阜県にまたがる山。他の地方にある「みたけ」と呼ぶ山と区別するため「おんたけ」と読むようになりました。

× みたけさん

民放の朝の情報番組でベテラン司会者が「みたけさん」と連呼。その後、番組の最後に局アナが間違いを訂正しました。

○ せっけん——敷物を端から勢いよく巻いていくように領土を攻め取るという意味です。

席巻

× せきまき——巻の音読みは「けん」「かん」。巻雲と書いて「けんうん」と読みます。

○ ふほう——訃は一文字で「人の死の知らせ」という意味をもっています。

訃報

× とほう——ニュースの読み間違えでは、「とほう」のほか「けいほう」もあります。

○ とうとつ——突然や不意という意味。唐の音読みは「とう」、訓読みは「から」。

唐突

× からとつ——民放の著名なニュースキャスターが「からとつ」と読み間違えました。

○ むりじい——相手の嫌がることを無理にさせる、強《し》いるという意味です。

無理強い

× むりがつよい——「強い」は「つよい」と読みがちなため、起こりやすい読み間違いです。

五月晴れ

○ さつきばれ――6月の梅雨の時期に見られる晴れ間。さつきは陰暦5月のことです。

× ごがつばれ――民放テレビ局のアナウンサーがニュースで実際に読み間違えた例です。

化身

○ けしん――神や妖精などが姿を変えてあらわれるという意味です。例「仏の化身」。

× かしん――変化を「へんか」「へんげ」と使い分けるのと同じで化身の化は「け」。

貪欲

○ どんよく――次々と欲を出して満足せず、非常に欲張りであるという意味です。

× ひんよく――「貪」と「貧」はよく似ていることから、起こりやすい読み間違いです。

元凶

○ げんきょう――悪党の中心人物や悪の根源。悪いことが起こった最も重要な要素です。

× がんきょう――元は「がん」とも読むことから、よく起こる読み間違いです。

Part 8

おさらいテスト

おさらいテスト

これまで出てきた漢字で腕試しをしてみましょう。

問1（各4点）

次の□に入るそれぞれの類義語、対義語は何でしょう？　漢字で答えてください。

(1) 朴訥　類義語　実□

(2) 夥多　対義語　□少

(3) 緻密　対義語　杜□

問2（各4点）

次の四字熟語の□に入る数字はそれぞれ何でしょう？　漢字で答えてください。

(1) 乾坤□擲

(2) 鎧袖□触

(3) 孟母□遷

問3（各3点）

次の漢字の読み方は、AとBどちらが正しいでしょうか？　記号で答えてください。

(1) 心太　A しんた　B ところてん

(2) 海豹　A あざらし　B まんぼう

(3) 百舌　A もず　B むかで

(4) 向日葵　A あじさい　B ひまわり

(1) ☐　(2) ☐　(3) ☐　(4) ☐

問4（各3点）

次の漢字の読み方で、AとBのうち誤っているものを選び、記号で答えてください。

(1) 足袋　A たび　B ぞうり

(2) 束子　A たばこ　B たわし

(3) 硯　A すずり　B ぶんちん

(4) 簾　A すだれ　B びょうぶ

(1) ☐　(2) ☐　(3) ☐　(4) ☐

問5（各3点）

次の苗字の漢字と読み方の組み合わせが合うように、漢字と読み方を線で結んでください。

月見里・　　・どうめき
小鳥遊・　　・やまなし
百目鬼・　　・かえで
鶏冠井・　　・たかなし

問6（各3点）

次の漢字と意味の組み合わせが合うように、漢字と意味を線で結んでください。

東雲・
黄昏・
暫時・
幾許・

・少しばかり
・しばらく
・明け方
・夕暮れ

問7（各4点）

次の地名の正しい読み方と該当する都道府県名をそれぞれ選び、記号で答えてください。

(1) 稚内

(2) 秩父

(3) 曳舟

(4) 鳴門

（ア）なると
（イ）ちちぶ
（ウ）わっかない
（エ）ひきふね

（A）東京都
（B）徳島県
（C）埼玉県
（D）北海道

(1) ［　｜　］　(2) ［　｜　］

(3) ［　｜　］　(4) ［　｜　］

問8（12点）

次の文の（1）〜（3）に入る読み方の組み合わせのうち正しいものを選び、記号で答えてください。

先週末、友人と箱根で**打球**（1）をしてきた。あいにくの**曇天**（2）で天候には恵まれなかったが、箱根はとてものどかで空気も澄んでいて、至福のひとときとなった。ところが今日、右側の脇腹に痛みを感じて病院に行くと**虫垂炎**（3）と診断された。よりによって病窓から見える景色は雲ひとつない。

A　（1）テニス（2）からつき（3）ちゅうすいえん
B　（1）テニス（2）どんてん（3）ぜんそく
C　（1）ゴルフ（2）どんてん（3）ちゅうすいえん
D　（1）ゴルフ（2）からつき（3）ぜんそく

解答欄

おさらいテストの答え合わせ

問1

配点は各4点です。できなかったという人は、パート1を復習してみましょう。

(1) 直

(2) 希

(3) 撰

問2

配点は各4点です。できなかったという人は、パート1を復習してみましょう。

(1) 一

(2) 一

(3) 三

問3

配点は各3点です。できなかったという人は、パート2を復習してみましょう。

(1) B

(2) A

(3) A

(4) B

問4

配点は各3点です。できなかったという人は、パート3を復習してみましょう。

(1) B

(2) A

(3) B

(4) B

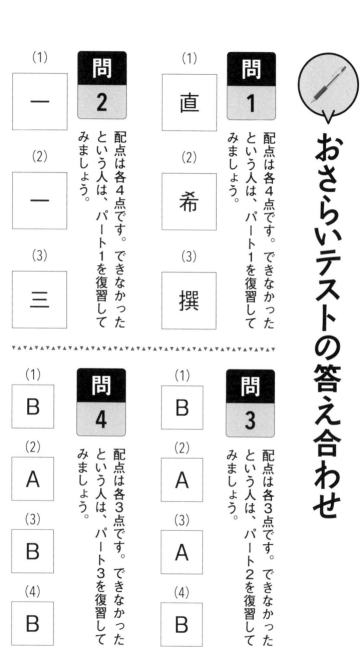

問 5

配点は各3点です。できなかったという人は、パート4を復習してみましょう。

月見里
小鳥遊
百目鬼
鶏冠井

どうめき
やまなし
かえで
たかなし

問 6

配点は各3点です。できなかったという人は、パート6を復習してみましょう。

東雲
黄昏
暫時
幾許

少しばかり
しばらく
明け方
夕暮れ

問7

(1) ウ D

(2) イ C

(3) エ A

(4) ア B

配点は各4点です。できなかったという人は、パート5を復習してみましょう。

問8

C

(1) ゴルフ

(2) どんてん

(3) ちゅうすいえん

配点は12点です。できなかったという人は、パート7を復習してみましょう。

判定

判定	
100点	素晴らしい！　あなたは漢字マスターです。
99点～80点	惜しい！　間違えた問題をおさらいしましょう。
79点～60点	もう少し。本書を読み返してみましょう。
59点～40点	まだまだです。本書をじっくり読み返しましょう。
39点以下	……あなた、本書をあまり読んでいませんね？

■参考文献

『今日から役に立つ！　常識の漢字力3200』西東社編集部編（西東社）
『社会人のこれは使える　漢字力』西東社編集部編（西東社）
『読めるようで読めない超難読漢字2000』一校舎漢字研究会編（永岡書店）
『知っているようで知らない日本語』宮腰賢（評論社）
『本当の意味いわれがわかる冠婚葬祭のことば』ことば舎編著（評論社）
『旺文社古語辞典第十版増補版』松村明他編（旺文社）
『漢字典第三版』小和田顯他編（旺文社）
『旺文社国語辞典第十一版』山口明穂他編（旺文社）
『新明解国語辞典第七版』山田忠雄他編（三省堂）
『難読漢字選び辞典』学研辞典編集部編（学研プラス）
『出口汪の大人の語彙力トレーニング』出口汪（水王舎）
『知っているようで知らないビジネス用語辞典』出口汪監修（水王舎）
『新版　講談社国語辞典第三版』林大、阪倉篤義監修（講談社）
『新版　角川国語辞典』久松潜一、佐藤謙三編（角川書店）
『三省堂実用　慣用句の辞典』倉持保男、阪田雪子編（三省堂）
『現代に生きる　故事ことわざ辞典』宮腰賢編（旺文社）
『名言・名句新辞典』旺文社編（旺文社）
『ポケット判「同音語使い分け」辞典』小峯和明監修（高橋書店）
『何でも読める難読漢字辞典』三省堂編集所編（三省堂）
『一個人別冊 日本人の名字の大疑問』（ベストセラーズ）

ちょっと自慢したくなる！
難読漢字の豆知識

発行日　2019年 3 月10日　初版第 1 刷発行
　　　　2023年10月 1 日　2版第 1 刷発行

編　　著　株式会社造事務所
発 行 人　磯田肇
発 行 所　株式会社メディアパル
〒162-8710
東京都新宿区東五軒町 6-24
TEL. 03-5261-1171　FAX. 03-3235-4645

印刷・製本　株式会社堀内印刷所

ISBN978-4-8021-1031-0　C0076